책세상문고 · 우리시대

열광하는 스포츠
은폐된 이데올로기

책세상문고 · 우리시대

열광하는
스포츠
은폐된
이데올로기

정준영

책세상

책을 쓰게 된 동기 6
들어가는 말 13

제1장 현대 사회와 스포츠
1. 스포츠란 무엇인가 21
2. 현대 스포츠의 특성 26
    (1) 현대 스포츠와 스포츠 기구 26
    (2) 스포츠의 확산 32
    (3) 스포츠와 대중 매체의 결합 45
3. 현대인은 왜 스포츠에 열광하는가 53

제2장 스포츠는 의미로 가득 차 있다
1. 스포츠와 돈 73
2. 스포츠와 정치 85
3. 스포츠와 헤게모니 95
4. 스포츠와 성 106
5. 스포츠와 저항 114

제3장 스포츠는 텍스트다
1. 텍스트로서의 스포츠 128
    (1) 스포츠 이데올로기 : 순수성, 공정성, 자발성 129
    (2) 스포츠의 규칙 139
    (3) 스포츠 참여자의 사회적 배경 141
    (4) 스포츠의 역사 143
    (5) 국가의 통제, 상업적 기구들의 이윤 추구 144
    (6) 스포츠 수용자 147
2. 스포츠와 즐거움 149
3. 경쟁하는 의미의 장으로서의 스포츠 156

제4장 중산층, 자기 통제, 마라톤

1. 마라톤에 대한 취향 169
2. 마라톤의 속성 176
3. 중산층은 왜 마라톤을 선택했는가 181
    (1) 사회 구제에서 개인 구제로 181
    (2) 중산층과 마라톤의 결합 185
4. 한국의 중산층과 마라톤 189

맺는 말 193
주 202
더 읽어야 할 자료들 231

신동파에서 박한, 유희형, 남우식, 황규봉, 이선희, 이회택, 차범근, 김재한, 홍수환, 유제두, 김일, 천규덕, 여건부까지! 기억하는가? 어린 시절을 흥분으로 가득 채운 그 추억의 이름들을. 1974년 어느 일요일 아침 남아프리카공화국에서 열린 홍수환의 세계 타이틀전 라디오 중계에 귀를 기울이던 기억, 쉬는 시간 좁은 학교 복도에서 텔레비전에서 본 프로 레슬링 장면을 되새기며 박치기와 당수를 흉내내보던 기억, 조르고 졸라 산 야구 글러브로 친구들과 함께 어설프게나마 처음으로 정식 야구를 해보던 기억, 오후 수업을 조퇴하고 길도 잘 모르는 어느 대학 체육관을 찾아가 얼마 되지 않는 관중 틈에서 목이 터져라 모교 농구부를 응원하던 기억들이 이 선수들의 이름 위에 겹쳐진다. 1960년대 이후에 태어난 남성들이 대부분 그렇듯이 나 역시 스포츠에 둘러싸여 어린 시절을 보냈다. 1974년 독일 월드컵을 앞두고 1973년 홍콩에서 벌어졌던 예선 최종 3차전에서 우리 대표팀이 아깝게 호주에 패해 본선 진출이 좌절되는 것을 보며 울분을 삼켜야 했고, 몬트리올 올림픽에서 해방 이후 최초로 금메달을 딴 양정모 선수의 소식을 듣고는 며칠간이나 흥분을 가라앉히지 못했다. 라디오와 흑백 텔레비전, 컬러 텔레비전이 차례대로 그 기억의 장면들을 내 마음속에 아로새겨 주었다. 홍수환과 헥토르 카라스키야의 세계 타이틀전에서 그 유명한 '4전 5기'의 장면을 직접 지켜보았던 사람들 가운데 그 흥분을 잊을 수 있는 사람이 과연 몇이나 될 것인가!

《스포츠와 영국인Sport and the British : A Modern History》의 저자 홀트Richard Holt는 스스로 스포츠를 즐기지 않는 사람은 스포츠에 대한 책을 쓸 자격이 없다고 얘기한다.[1] 그렇다면 나는 과연 스포츠를 즐기는 사람인가? 어린 시절을 풍요롭게 만들어준 수많은 추억에도 불구하고 이 질문에 대해 나는 선뜻 자신 있게 대답하지 못한다. 요즘도 매주 30~40km를 달리며 일주일에 적어도 나흘은 운동을 하고 아침에 신문을 볼 때도 스포츠 면을 가장 먼저 펼쳐보지만 그렇다고 해서 내가 정말 스포츠를 즐긴다고 할 수 있을까? 스포츠를 정말 좋아한다면 매일 아침 습관처럼 들르는 스포츠 전문 채널 ESPN의 인터넷 사이트는 왜 아직도 즐겨찾기 목록에 집어넣지 않고 있는 것일까? 스포츠를 좋아한다고 자신 있게 얘기하기에는 여전히 무엇인가 걸리는 것이 있다.

아마도 그것은 1980년대 군사 독재 정권이 다시 들어서면

서 프로 야구와 프로 축구가 출범하고, 1980년대 내내 1986
년 서울 아시아 경기대회와 1988년 서울 올림픽의 분위기에
둘러싸여 지내야 했던 대학 시절의 상처 때문이리라. 프로
야구 경기 중계를 시청하는 것은 바보 같은 일처럼 생각했고
스포츠 신문을 살 때는 죄책감마저 느껴야 했다. 당시 대학
을 다녔던 많은 청년들처럼 나 역시 스포츠를 우민화의 도구
로 생각했기 때문에 스포츠의 유혹을 뿌리쳐야 한다고 수없
이 다짐했다.

1990년대 중반까지도 나는 여전히 스포츠에 대해 이율배
반적인 태도를 떨쳐버리지 못했던 것 같다. 독재 정권의 망
령에서 벗어난 새로운 세대가 출현하여 NBA(미국 프로 농구
협회, National Basketball Association)에 대해 자유롭게 얘기하고
농구 경기에 마음껏 열광할 때에도 나는 선뜻 그 분위기에
동참할 수 없었다. 문화 연구라는 명목으로 드러내놓고 만화
를 보고 텔레비전 드라마에 탐닉하면서도 정작 내 어린 시절
의 가장 큰 동반자였던 스포츠에 대해서는 마음을 쉽게 열
지 못했다. 아마 스포츠에 한 번 마음을 열었다가는 너무 깊
이 빠져들게 될지도 모른다는 두려움이나 스포츠와 적절한
거리를 결코 유지할 수 없을 것이라는 의구심이 나를 통제했
으리라. 대학원 시절 농구, 탁구, 배드민턴, 캐치볼 등을 하며
여가를 보냈으면서도 프로 야구나 농구 경기에 대해 얘기한
기억은 별로 없다. 스포츠는 나에게 1990년대 중반까지도

이른바 금기 영역으로 남아 있었다.

오랫동안 나를 짓눌렀던 스포츠에 대한 이율배반적 감정을 극복하고 열린 마음으로 스포츠를 다시 돌아볼 수 있게 된 것은 1997년부터 1년 반 동안 미국에서 체류한 경험 덕분이었다. 처음에는 그저 프로 스포츠의 왕국인 미국의 현실을 있는 그대로 살펴보자는 가벼운 마음을 가졌다. 내가 머물렀던 오스틴은 텍사스 주의 주도(州都)였지만 인구가 60만 명밖에 되지 않는 비교적 작은 도시였기 때문에 주요 4대 프로 리그(NFL, MLB, NBA, NHL)에 소속된 프로 스포츠 팀은 하나도 없었고 기껏해야 텍사스 주립 대학의 대표팀이 지역 언론의 관심을 끌고 있을 뿐이었다. 그런데 놀랍게도 겨우 한 대학의 대표팀인 텍사스 주립 대학팀이 도시 전체를 흥분시키고 있었다. 마침 미식축구 시즌을 앞두고 있는 때였기 때문에 지역 신문과 텔레비전 방송은 다가올 시즌에 대한 전망과 선수 인터뷰를 매일 주요 기사로 내보내고 있었다. 경기를 보기 위해 별 생각 없이 표를 사서 구장에 들어갔던 경험이 다시 한번 나를 놀라게 했다. 시합의 비중에 따라 25~35달러나 되는 돈을 지불하고 무려 8만여 명의 거대한 관중이 구장을 가득 메우고 있었던 것이다. 인구 60만 명의 도시에서 8만여 명의 관중이라니! 인구비례로 따져 계산해 보자면 2002년 월드컵 기간 중 서울에서 거리 응원에 나섰던 규모에 비견될 만한 수의 사람들이 일개 대학 미식축구팀을 응원하기 위해 매주 토요일마다 집을 나선다는 것이다. 이들이 텍사스 주립 대학을 응원하기 위해 입고 나오는 황갈색 옷의 물결은 월드컵 기간 중 광화문을 장식했던 붉은 물결에 전혀 뒤지지 않았다.

이듬해에 참여한 마라톤 대회의 광경도 인상적이었다. 참여 규모는 6,000여 명으로 미식축구 관중보다는 훨씬 적었지만 중요한 것은 실제 마라톤에 참여한 사람들의 수가 아니었다. 직접 뛰는 사람들은 축제를 구성하는 여러 요소 가운데 한부분에 지나지 않았다. 쌀쌀한 겨울 아침 7시라는 이른 시간에 수많은 시민들이 마라톤 코스 여기저기에 자리를 잡고 응원을 펼치고 있었다. 코스가 지나가는 어느 마을에서는 동네 사람들이 몇 가지 악기로 작은 밴드를 조직해 참가자들을 격려하고 있었고, 집 앞 잔디에 앉아 차를 마시며 응원하는 노부부도 있었다. 골인 지점이 있는 공원에서는 또다시 큰 축제가 열리고 있었다.

사소한 스포츠 행사에 지나칠 만큼 열광하는 미국인들의 모습을 과연 어떻게 설명해야 할까? 스포츠가 미국인들에게 그만큼 생활화되어 있기 때문이라는 이유를 첫 번째로 꼽아볼 수 있다. 그러나 동시에 그것은 미국사회가 사회적 모순이 극단적으로 표출되지 않는 안정된 사회라는 점과도 밀접하게 연결되어 있다. 따라서 1990년대 이후 우리 사회에서 확인할 수 있었던 스포츠에 대한 인식의 변화를 감안해본다면 우리도 머지않아 스포츠에 열광하는 사회에 살게 될 것이다.

미국에서 스포츠가 차지하고 있는 위상을 확인하고 난 후 나는 스포츠에 대해 본격적으로 연구하기로 마음먹었다. 이제 우리 사회에서도 스포츠를 제외하고 일상 문화를 얘기하는 것이 불가능할 것임을 깨달았기 때문이다. 대중음악과 만화, 텔레비전에 이어 앞으로는 스포츠가 우리 사회의 가장 중심적인 문화 영역이 될 것이다. 이에 관심을 갖고 뒤져보았던 잡지와 신문의 스포츠 관련 기사들이 나를 더욱 자극했다. 스포츠의 넓고 다양한 세계에 좀 더 빨리 주목하지 않는다면 우리 사회 문화 변화의 많은 양상을 놓치게 되리라.

스포츠에 본격적인 관심을 기울이기 시작한 지 이제 5년 정도가 지났다. 미국에서 돌아온 1999년 우리 사회에는 많은 변화가 일어나고 있었다. 당시 갑자기 마라톤 열풍이 일었는데, 우리 사회의 많은 것들이 그렇듯이 그 열풍은 짧은 기간 안에 폭풍으로 변해버렸다. 스포츠 면이 일간 신문의 독립 섹션으로 바뀌면서 세계 각지의 스포츠 소식이 물밀듯이 밀려들었다. 2002년 월드컵은 일순간에 전 국민을 축구 팬으로 만들어버렸다. 너무 큰 흥분의 뒤끝이어서인지 지금은 다소 소강 상태를 맞고 있지만 스포츠는 조금씩 조금씩 우리 일상의 한 부분이 되리라 확신한다. 이것이 바로 내가 문화의 관점에서 스포츠를 바라볼 필요성을 느끼게 된 배경이다. 이미 문화의 변화는 진행되고 있다. 그렇기 때문에 이 책이 씌어진 시기가 다소 늦은 감도 없지 않다. 그러나 눈에 보이지 않는 변화들이 앞으로도 계속 일어날 것이기에 지금이라도 늦지는 않다고 생각한다. 월드컵 거리 응원처럼 충격적이지는 않더라도 변화는 조금씩 조금씩 축적될 것이다. 원래 문화의 변화란 눈에 잘 드러나지 않은 채 진행되는 법 아닌가!

10여 년 넘게 규칙적으로 운동을 해왔으니 이제 습관이 되었을 만도 하련만 아직도 운동을 준비하는 것은 무척이나 고통스러운 과정이다. 운동할 시간만 다가오면 여전히 꾀가 나는 것이다. 왠지 컨디션이 안 좋은 것 같고, 날씨도 그다지 적당하지 않은 것 같고, 때로는 시간이 너무 늦어버린 것 같기도 하다. 나만 그런가 했더니 그렇지도 않았다. 마라톤을 준비하며 읽었던 한 교본에는 연습하는 날에는 아침부터 경쾌한 음악을 틀어놓고 밝은 기분을 유지하려 애쓰는 등 연습을 하고 싶은 마음이 약해지지 않도록 최대한 배려할 것을 권장하고 있다. 몸에 좋은 약은 항상 입에 쓴 법인가! 운동은 결코 습관이 되지 않는 그 무엇처럼 느껴진다.

그러나 나는 오늘도 게으른 몸을 추슬러 문밖으로 나선다. 운동화 끈을 고쳐 매고, 어깨도 한번 크게 휘둘러본다. 하지만 힘들여 집을 나섰다고 만사가 모두 일사천리로 진행되는 것은 아니다. 한여름의 뜨거운 태양도, 한겨울의 차가운 공기도 모두 나의 결심이 흔들리게 만드는 요소들이다. 달리기를 위해 얇게 입은 차림새로는 봄, 가을의 선선함조차 다소 차갑게 느껴진다. 강의 때문에 온종일 몸무게를 지탱했던 왼쪽 발목이 조금 욱신거리는 느낌도 든다. 어젯밤 마신 술의 기운이 아직까지 깨지 않은 느낌이 들 때도 있다.

그래서 나는 도로를 택한다. 일직선으로 뻗어 있는 도로를 택하면 뛰어간 만큼 다시 돌아올 수밖에 없으므로. 언제든 그만두고 돌아올 수 있는 트랙보다 도로를 뛰어야 조금이라도 먼 거리를 뛸 수 있으므로.

슬며시 자문해본다. 이 귀찮은 일을 나는 왜 마음 편히 포기하지 못하는 것일까? 주변 사람들은 이런 내 모습을 일종의 강박증으로 해석하기도 한다. 나는 왜 남들처럼 그냥 편하게 집에서 늘어지지 못하는 것일까?

스포츠는 결코 순수하지 않다. 즐겁기 때문에 스포츠를 한다는 말에도 그리 믿음이 가지 않는다. 일요일이면 필드에 나가고 싶어 몸이 근질거린다는 골프 애호가에게 나는 의심의 눈길을 거둘 수 없다. 일단 티샷을 하고 홀을 향해 공을 날리는 순간이 되면 모르겠지만 새벽부터 피곤한 몸을 일으켜 준비를 하는 것도 과연 그렇게 즐거울까? 그 새벽의 고통을 넘어설 수 있도록 만드는 데는 골프의 즐거움 외에 또 다른 무언가가 개입하는 것은 아닐까?

스포츠는 항상 강박적인 그 무엇이다. 현대사회에서 스포츠는 유희이기는커녕 오히려 노동에 더 가깝다. 부정적인 함의를 잔뜩 지니고 있는 자본주의 사회의 노동 말이다. 따라서 일반적인 노동과 마찬가지로 스포츠에도 강제가 필요하다. 그러나 스포츠를 업으로 삼는 일부 사람들을 제외하면 이 강제를 글자 그대로 행사할 수는 없다. 학교에 다니는 학생들에게라면 체육 시간을 통해 두어 시간 정도의 운동을 강요할 수 있겠지만 그런 통제에서 벗어나 있는 사회인에게 어떤 식으로 운동을 강요할 수 있겠는가?

오히려 그런 강제는 문화적인 것이다. 건강에 대한 담론, 친교에 대한 담론, 건전한 생활에 대한 담론, 인간의 한계에 대한 담론 등이 이 문화적 강제의 요소를 구성한다. 이 그럴듯한 담론의 홍수 속에서 현대인들은 의식하지 못한 채 운동에 대한 강박을 내면화한다. 평소 운동을 거의 하지 않는 사람이라고 해서 그런 강박에서 자유로운 것은 아니다. 나는 운동을 하지 않는다고 당당하게 외칠 수 있는 사람들이 과연 몇이나 될까? 대부분 사람들의 고백 속에는 은밀한 죄책감과 수치심이 숨어 있게 마련이다. 책임을 다하지 못하고 있다는 감정, 스스로를 돌보지 않고 있다는 감정, 자기 자신을 제대로 통제하지 못하고 있다는 감정 등이 그 속에 들어 있는 것이다. 그런 강제가 없었다면 스포츠 인구는 현저히 줄어들었을 것이다.

그렇다면 왜 스포츠를 현대인들에게 강제하는 것일까? 강제의 주체는 도대체 누구인가? 왜 하필이면 스포츠인가? 여러 가지 질문이 떠오를 것이다. 이들 질문에 대한 답은 스포츠 내부만 살펴보아서는 결코 찾아낼 수 없다. 강제가 문화적인 것처럼 그에 대한 답 역시 스포츠를 둘러싸고 있는 문화 속에서 파악되어야 하기 때문이다.

스포츠를 문화적으로 해석해야 하는 이유는 바로 이 때문이다. 스포츠에 대한 강제가 만들어지고 행사되는 방식, 나아가 강제를 오히려 즐거운 것으로 받아들이도록 만드는 방식 모두 문화적인 분석을 요구한다. 다시 말해 스포츠는 이데올로기로 가득 차 있다. 사회 성원들로 하여금 특정한 틀 속에서 세계와 접촉하도록 만들어 그들의 의식과 행위를 특정한 방향으로 이끄는 바로 그 이데올로기 말이다. 그 이데올로기 속에서 우리는 스포츠의 중요성에 대한 관념을 내면화하고 자신의 몸을 그 관념에 적응시킨다.

이 책의 목적은 스포츠를 문화적으로 분석하고자 할 때 고려해야 할 요소들을 알려주고 스포츠의 이데올로기를 엿볼 수 있도록 도와주는 것이다. 사실 스포츠가 일상화된 서구에서도 비교적 최근에서야 사회과학적 관점에서 스포츠를 연구하기 시작했다. 과거에는 스포츠를 진지한 사회과학적 고려의 대상으로 삼기에는 너무 하찮은 것으로 여겼다. 내가 스포츠에 대한 관심을 얘기하다가 한 선배에게 들었던 인상 깊은 에피소드가 있다. 1980년대에 미국에서 공부했던 그

선배가 한국 유학생들끼리 가진 신입생 환영회 자리에서 겪었던 일이다. 새로 온 유학생 중 한 명이 스포츠 사회학을 전공하겠다고 얘기했다. 순간 좌중에 앉아 있던 사람들의 입가에 야릇한 미소가 흘렀다. 그리고 그 다음 사람이 일어나 얘기했다. 자신은 '진짜' 사회학을 하러 유학을 왔노라고.

그러나 지난 20여 년 동안 스포츠의 위상은 현저히 바뀌었다. 기껏해야 스포츠 기록 관련 책이나 일부 스포츠 스타의 전기만 존재하던 스포츠 관련 참고 문헌의 목록에서 사회과학 관련 서적이 기하급수적으로 늘어나기 시작했다. 여러 가지 맥락이 이에 기여했는데, 우선 스포츠 산업이 급속하게 성장하여 스포츠의 경제적 중요성이 커져갔고, 새로운 미디어들이 확산되면서 현대인들의 일상생활에서 스포츠가 차지하는 중요성도 그만큼 확대되었다. 더불어 사회과학 내부에서도 정치, 경제 등 큰 이야기에 대한 관심이 약화되고 스포츠를 포함한 문화적 부분에 대한 관심이 늘어나기 시작했다.

현대 사회에서 스포츠가 차지하고 있는 중요성, 스포츠에 대한 사회과학적 연구의 발전 양상을 고려해볼 때 이 책의 분량으로 스포츠의 문화적 측면을 모두 상세히 다루기에는 역부족이다. 하지만 서구 사회에서조차 스포츠 연구사는 불과 20여 년도 채 되지 않았다는 점을 생각해본다면 이 책을 통해 기본적인 얼개를 확인하는 데는 크게 부족함이 없을 것이다. 그렇다면 일단 첫 걸음을 떼어볼 일이다. 자 이제 스포츠 내부에서부터 시작해 '그 넓은 스포츠의 세계wide world of sports'를 탐구하는 길에 나서보자.

제 1 장

현대 사회와
스포츠

1. 스포츠란 무엇인가

스포츠에 대해 이야기하려면 먼저 스포츠가 무엇인지를 알아야 한다. 하지만 스포츠를 정의하는 일은 겉보기와 달리 그리 만만한 작업이 아니다. 스포츠의 범위가 워낙 넓고 종류도 다양하다보니 어떤 식으로 정의를 내리든 항상 적지 않은 예외가 나타나기 때문이다.

스포츠에 대한 가장 대중적인 정의는 규칙이 지배하는 경쟁적 신체 활동이라는 것이다. 이 정의에는 규칙, 경쟁, 신체 활동의 세 가지 요소가 포함되어 있다. 언뜻 생각해볼 때 이 정도 정의라면 대부분의 스포츠에 비교적 무리 없이 적용될 수 있을 것 같다. 그러나 곰곰이 따져보면 논란의 여지없이 이 세 요소를 모두 적용할 수 있는 스포츠가 그리 많지 않다는 것을 알 수 있다.

당장 바둑이나 체스 등을 두뇌 스포츠의 일종으로 포함시키려는 요즈음의 경향을 생각해보자. 바둑을 둘 때도 팔이나 손 정도는 움직여야 하며 때로는 상당히 자주 움직여야할 때가 있다. 하지만 그것을 거창하게 신체 활동이라고 부르기는 어렵다. 매일 식사 시간에 수저를 움직이는 것만으로도 그 정도의 운동량은 충분히 될 것이기 때문이다. 사실 바둑을 두는 과정에서 가장 활발히 움직이는 신체 부분은 바로두뇌다. 그러나 일반적으로 스포츠에 대해 얘기할 때는 외적으로 드러나는 신체 활동을 논의의 중심으로 놓고 이야기하지 내장의 활동 같은 것을 논의의 대상으로 삼지는 않는다.위와 장을 얼마나 빨리 움직일 수 있는가를 겨루는 '밥 한 그릇 빨리 소화시키기' 같은 종목은 없다.

게다가 두뇌 활동까지 신체 활동에 포함시킨다면 인간의행위 가운데 스포츠에 포함되지 않는 활동이란 거의 없을 것이다. 예를 들어 경쟁사보다 더 빨리 신제품을 출시하려고연구와 기술 개발에 몰두하고 있는 연구자들이나 기술자들이 스포츠 활동에 참여하고 있다고 할 수 있을까? 이들도 나름대로 규칙을 지키고 있고 경쟁에 몰두하고 있는 것은 분명한 데 말이다.

정신적인 부분을 제외하고 순수한 신체의 활동에만 스포츠를 국한시키더라도 여전히 문제는 남는다. 놀이터에서 뛰놀며 친구들과 숨바꼭질을 하는 아이들의 행동은 스포츠일까? 학교 운동장에서 또래 친구들과 뒤엉켜 축구 시합을 하는 청소년들의 행동은 어떤가? 축구 경기를 하는 청소년들은 분명히 스포츠 활동에 참여하고 있다. 그렇다면 숨바꼭질을 하는 아이들은? 숨바꼭질에도 나름의 규칙이 있고 경쟁의 요소가 존재하며 분명한 신체 활동이 개입한다. 그러나 전국 체전에 숨바꼭질 종목을 포함시키자는 건의를 진지하게 받아들일 사람은 아무도 없을 것이다.

여기에 스포츠 관람까지 스포츠 활동의 범주에 포함시킨다면 스포츠를 정의하기는 더욱 어려워진다. 스포츠 관람 그 자체는 경쟁의 요소를 그다지 포함하고 있지 않을 뿐만 아니라 신체의 움직임도 별로 많지 않기 때문이다. 게다가 일반적인 공중도덕의 규범을 제외하고는 스포츠 관객들이 도대체 어떤 규칙을 따르고 있는지도 분명하지 않다. 그러나 스포츠 관객들이 스포츠의 장(場)에 참여하고 있다는 사실은 누구도 부정할 수 없다.

이런 여러 가지 어려움 때문에 스포츠를 일종의 가족 유사성을 지닌 활동으로 파악하려는 시도도 있다. 한 가족을 이루는 구성원들은 모두 서로 닮은 요소를 조금씩 가지고 있다. 아버지와 아들 사이에는 눈이 닮았고 형제간에는 입이 닮았으며 아들과 어머니 사이에는 코가 닮았다는 식으로 말이다. 하지만 그들 모두를 포괄해서 가족의 특징이라고 얘기할 수 있는 어떤 요소를 찾아내기란 쉽지 않다. 이처럼 가족 유사성이란, 개별적인 요소들 사이에는 조금씩 닮은 점들이 있지만 전체에 공통된 어떤 특징을 뽑아내기는 힘든 상황을 묘사할 때 흔히 사용하는 표현이다. 마찬가지로 스포츠 역시 가족 유사성처럼 각각의 종목들 사이에서는 서로 유사한 요소들을 찾을 수 있지만 스포츠 전체를 아우르는 공통된 특징을 찾아내기는 어려운 영역이다.

가족 유사성의 개념은 방대한 스포츠의 세계를 나름대로 정리할 수 있도록 해주고 새로 생겨나는 스포츠를 스포츠의 범주 안에 쉽게 포함할 수 있도록 해준다는 점에서 상당한 유용성을 지닌다. 하지만 스포츠가 가족 유사성을 지닌 활동이라는 것이 곧 스포츠에 대한 정의라고 하기는 어렵다. 가족 유사성을 통해 스포츠가 약간의 유사성과 차이를 지니는 다양한 개별 활동들의 총체라고 얘기할 수는 있지만 그 활동의 성격이 무엇인가에 대해서는 답할 수 없기 때문이다.

이런 맥락에서 예술에 대한 정의처럼 스포츠를 일종의 제도로 보는 시각이 도움이 될 수 있을 것 같다.[2] 스포츠를 제도로 보자는 것은 어떤 사회에서 하나의 제도로 정립되어 스포츠로 널리 인정되고 있는 것들을 스포츠로 간주하자는 것이다. 따라서 축구와 농구, 야구 등은 이론의 여지없이 스포츠다. 반면 숨바꼭질이나 고무줄 놀이 등 어린이들이 즐기는 많은 놀이들은 스포츠의 영역에 포함되지 않는다. 후자의 경우에도 경쟁의 요소나 신체 활동의 요소가 분명히 들어 있으며 나름대로의 규칙도 있지만 스포츠에 포함되는 활동과 달리 이 놀이들은 정형화된 사회적 제도를 갖추고 있지 못해 스포츠로 인식되지 않기 때문이다. 따라서 스포츠의 영역은 결코 고정되어 있는 것이 아니다. 과거 남성들이 즐기는 단순한 오락으로 분류되었던 당구라든지 퇴폐적인 여가 행위로 인식되었던 스포츠 댄스가 오늘날 당당히 스포츠의 일종으로 분류되고 있다는 점이 이를 증명한다. 이외에도 청소년들이 즐기는 스케이트보드나 산악 자전거, 인라인 스케이트 등의 극한 스포츠extreme sports·X-game들도 규칙 체계를 갖추고 독자적인 조직 기구가 형성되면서 점차 스포츠의 영역으로 들어오고 있다.

한편 제도로서 스포츠를 파악하는 시각은 스포츠 관람 행위를 스포츠 활동의 영역에 무리 없이 포함시킬 수 있다는 이점도 갖는다. 스포츠 제도가 정당한 스포츠 활동이라고 인정한 활동에 참여하는 사람들은 모두 스포츠 활동에 참여하는 것으로 볼 수 있기 때문이다. 당연히 여기에는 직접 스포츠를 하는 활동뿐 아니라 그것을 관람하는 행위까지 포함된다.

마지막으로 스포츠 제도론을 받아들이면 특정 활동만이 스포츠로 분류되고 다른 활동들은 스포츠에서 배제되는 맥락에 대해 고려할 수 있다. 왜 1990년대 말 우리 사회에서 갑자기 스포츠 댄스가 스포츠로 분류되기 시작했을까? 중세 시대의 대표적인 스포츠 활동 중 하나였던 마상 창시합이나,

독일의 사회학자 엘리아스Norbert Elias가 스포츠의 특성을 가장 잘 보여주는 스포츠라고 주장했던 여우 사냥은 왜 오늘날 더 이상 스포츠로 간주되지 않을까? 이런 질문은 스포츠 영역 내에만 머물러서는 스포츠 관련 논의를 제대로 펼칠 수 없다는 점을 시사한다. 우선 스포츠에 대한 정의 자체가 사회 집단들 간의 경쟁, 갈등, 타협의 산물이며 스포츠의 변화 과정에는 겉으로 보기에 스포츠와 아무 관련이 없는 다양한 사회적 요인들이 개입해 영향을 미치기 때문이다. 이 책에서는 이처럼 스포츠가 스포츠 외부의 영역과 서로 교차되는 양상을 탐구해보고자 한다. 이를 위해 먼저 스포츠의 내적인 부분부터 풀어나가 보도록 하자.

2. 현대 스포츠의 특성

(1) 현대 스포츠와 스포츠 기구

우리 주변에서는 수많은 스포츠 활동들이 벌어진다. 이런 활동들은 언제부터 우리 곁에 존재하기 시작했을까? 현재 널리 받아들여지고 있는 스포츠의 형태, 즉 현대 스포츠는 19세기 중반 영국에서 발전했다. 그렇다고 해서 이 시기의 영국인들이 현대 스포츠의 여러 형태나 관행을 모두 독자적으로 만들어낸 것은 아니다. 19세기 말 미국에서 만들어진 농구[3]처럼 탄생 시점을 명확하게 규명할 수 있는 몇몇 종목을 제외하면 대다수 스포츠는 근대 이전의 민속 경기로까지 거슬러 올라갈 수 있는 오랜 역사를 지니고 있다. 전 세계적으로 가장 많은 팬을 갖고 있는 축구도 마찬가지다. 흔히 영국에서 축구 협회가 결성되어 규칙을 제정한 1863년을 축구의 탄생 시점으로 생각한다. 하지만 이미 고대부터 유럽은 물론 우리나라와 중국 등 동양을 포함해 세계 곳곳에서 사람들은 축구와 비슷한 형태의 민속 경기를 즐겨왔다. 또한 모든 스포츠의 기본으로 일컬어지는 육상이나, 권투와 레슬링 등의 투기 종목 역시 그리스의 고대 올림픽에서 거행되었던 유서 깊은 종목들이다.

그렇다면 현대 스포츠의 발전 과정에서 영국인들이 했던 역할은 무엇일까? 영국인들의 가장 큰 공헌은 이전까지 산만하게 존재하던 스포츠의 규칙을 통일시키고 이를 규율할 조직 기구들을 만들어냈다는 점이다. 1787년에 크리켓 규제 기구인 영국 크리켓 연맹 본부Marylebone Cricket Club가 설립된 후 공의 무게와 배트의 넓이 등에 대한 정확한 규정이 마련되어 경기가 표준화되기 시작했다. 1863년에는 축구 협회가 설립되었고, 1876년에는 미국에서 대학 간 미식축구 협회가 발족됐다. 또 19세기 말부터는 올림픽을 비롯한 국제 스포츠 행사가 빈번하게 열리면서 스포츠 규칙이 세계화되었으며, 1894년에는 국제 올림픽 위원회가 출범해 세계적 수준의 규제 기구도 나타났다. 오늘날 이들 기구들은 전 세계적 수준에서부터 각 국가 수준 및 각 지역 수준의 기구 등으로 서로 연결된 위계적인 망을 형성하여 스포츠의 모든 부문을 세심하게 관리·운영하고 있다.

조직 기구를 통해 스포츠의 표준화를 이끌었던 영국인들은 이 스포츠들을 세계화하는 데도 앞장섰다. 영국이 경영했던 세계 곳곳의 광대한 식민지와 활발한 무역 활동이 그 기반이 되었다. 무역을 위해 외국을 찾은 상인이나 해외 주둔을 위해 파견된 선교사, 군인들의 가방에는 스포츠 용구들이 빠짐없이 들어 있었다. 처음에는 영국인들끼리 시합을 즐겼으나 점차 현지인들도 참여하기 시작했다. 영국의 스포츠는 때로 식민지 당국에 의해 식민지인들에게 강제로 주입되기도 했으며, 영국의 선진 문명을 받아들이고자 했던 현지인들이 자발적으로 받아들이기도 했다. 영국인들과 교류하기 위해 스포츠 활동에 적극적으로 참여했던 식민지의 상층부 구성원들도 적지 않았다. 각국의 고유한 스포츠들은 영국인들이 전파한 스포츠에 밀려 점차 쇠퇴의 길을 걷게 되었으며 축구, 럭비, 크리켓 등 영국의 스포츠가 세계 전역을 장악하기 시작했다. 미국도 영국을 본받아 농구와 야구 등 자국에서 만든 스포츠를 앞세워 식민지에 침투해 들어가기 시작했다. 그러나 미국이 차지한 식민지는 제한적으로 분포되어 있었기 때문에 미국 스포츠는 영국 스포츠만큼 전 세계적 인기를 얻지는 못했다. 미국의 뒷마당이라 일컬어진 중남미 지역이나 아시아의 필리핀 등이 미국 스포츠를 적극적으로 받아들였을 뿐 대다수의 지역에서는 영국 스포츠가 강력한 영향력을 발휘했다. 이에 따라 영국의 스포츠 기구들은 세계 전역에서 펼쳐지는 스포츠 활동의 통제 중심 역할을 차지해 갔다.

19세기 영국에서 전에는 존재하지 않았던 스포츠 기구가 발전할 수 있었던 사회적 배경은 무엇일까? 스포츠 기구의 발전은 현대 사회의 발전과 밀접하게 연결되어 있다. 산업 혁명과 함께 대도시들이 형성되자 각기 다른 지역 출신의 사람들이 도시에 모여들었다. 또한 19세기 중반 증기 기관차의 발명에 힘입어 원거리 교통이 발전하자 도시 간의 교류가 빈번해졌다. 이에 따라 이질적인 사람들이 하나의 스포츠를 함께 즐기려고 할 때 모두가 승복할 수 있는 적절한 규정을 마련하는 것이 시급해졌다. 스포츠 기구는 바로 이런 현실적 필요를 충족시키는 효과적인 수단이었다.

또한 스포츠 행사가 종교 축제와 밀접하게 연계되어 있었던 중세 시대와 달리 세속화된 산업 도시의 환경에서는 정기적인 스포츠 행사를 벌일 계기가 마땅치 않았다. 스포츠 기구의 뿌리를 형성하는 클럽이 이런 토양에서 생겨났다. 클럽은 종교 행사를 대신해 세속적인 형태의 정기적인 스포츠 활동의 장을 마련해주었으며 시간이 흐르면서 점차 오늘날과 유사한 시즌 제도가 정착되었다. 이때부터 스포츠는 특별한 날에 벌이는 예외적인 활동이 아니라 일상적인 활동으로 바뀌기 시작한 것이다.

스포츠 기구의 발전과 더불어 점차 현대 스포츠의 꼴이 갖춰지기 시작했다. 그중 첫 번째로 꼽을 수 있는 것은 스포츠의 표준화이다. 스포츠 기구가 발전하기 전까지 체육 활동은 지역의 사정에 따라 자유롭게 이루어졌다. 중·고등학교 체육 시간에 하는 구기 경기를 생각해보면 이를 쉽게 이해할 수 있다. 단체 경기에서 각 팀을 구성하는 선수의 수도 확실히 정해져 있지 않았으며 서로 다른 지역의 팀들끼리 시합을 벌일 때에는 시합 전에 미리 규칙을 세심하게 정해야 했다.[4] 실제로는 현대 스포츠에서 볼 수 있는 복잡한 규칙 체계가 거의 존재하지 않았는데 이 때문에 민속 축구는 흔히 난투극과 유사한 형태를 띠기도 했다.

하지만 스포츠 기구가 마련되면서 근대 이전의 스포츠가 지니고 있던 자의성과 자율성은 더 이상 지속될 수 없었다. 축구와 럭비, 육상 등 기존 스포츠의 규칙 체계가 새롭게 정비되어 다른 스포츠와 명확하게 구별되는 종목으로서 모습이 갖춰졌다. 동시에 미식축구나 야구, 농구 같은 새로운 스포츠가 만들어지기도 했다. 야구의 스트라이크 존이나 지명대타제, 축구와 농구의 반칙 조항과 같은 일부 규정들은 오늘날까지도 끊임없이 상황에 맞춰 재정비되고 있지만 각 스포츠의 기본 형태는 여전히 별다른 변화 없이 유지되고 있다.

또한 스포츠 기구가 스포츠 활동을 세세한 부문까지 관리·규제하면서 중세 시대까지의 스포츠에서 흔히 볼 수 있었던 일종의 카니발의 장으로서 스포츠의 광경은 더 이상 찾아보기 어려워졌다. 중세까지 스포츠 활동은 대개 종교 축제의 한 부분을 구성하고 있었으며 체육 행사 자체가 종교적 의미를 함축하고 있는 사례도 적지 않았다. 그러나 현대 스포츠는 점차 종교와 단절되기 시작했고, 사회의 다른 부문들이 그렇듯이 스포츠 활동 역시 점진적으로 세속화의 길을 밟아 왔다.

물론 이른바 '종교적 계기'라고 부를 수 있는 요소가 오늘날의 스포츠에서 완전히 사라진 것은 아니다. 예를 들어 때때로 우리는 시합을 보며 비일상적인 '흥분' 상태에 빠지곤 한다. 관점에 따라서는 그것에서 스포츠가 지니고 있는 일종의 제의적(祭儀的) 기능을 추론해낼 수도 있다. 즉 스포츠가 일련의 반복적이고 유형화된 행위를 통해 궁극적으로는 신성한 것, 초자연적인 것과 연관을 맺으면서 공동체의 가치를 표출하는 역할을 할 수 있다는 것이다. 매년 반복되는 새로운 시즌의 개막제나 챔피언전을 앞두고 진행되는 의식들에서 특히 이런 제의적 요소가 두드러진다. 단순히 형식만 놓고 본다면 국가가 울려 퍼지고 유명인이 나와 시구를 하는 등 온갖 형식적 장치들이 마련되어 있는 프로 야구 개막전과 종교 행사를 뚜렷이 구별하기란 쉽지 않다. 하지만 유사성은 거기까지다. 시합에서 승리를 위해 주술사를 동원하는 아프리카 어느 부족의 사례 같은 것을 제외한다면 오늘날 스포츠 활동 그 자체가 종교 행사와 직접 연관되는 사례는 거의 찾아보기 어렵다. 훌리건의 난동과 같이 극히 예외적인 경우를 빼면 스포츠 활동에서 축제에서 볼 수 있는 것과 같은 과도한 흥분 상태 역시 찾아보기 힘들다. 이런 의미에서 현대 스포츠는 고도의 질서를 따르고 있는데,[5] 그 질서는 경기 시작 시간과 종료 시간에서 볼 수 있듯이 일상의 흐름과 적절한 조화를 이루도록 마련되어 있다. 축구 훌리건에 대한 가혹한 처벌이나 집중적인 사회적 비난은 이 질서를 위반하는 사람들이 예외 없이 규제에 직면한다는 것을 보여준다.

결국 스포츠 기구는 스포츠 활동을 표준화하고 그 활동에 질서를 부여해주었다고 할 수 있다. 현대 스포츠가 어디에서나 동일한 규칙이 적용되는 보편성을 지니게 되고 일상의 활동과 무리 없이 조화를 이룰 수 있게 된 것은 스포츠 기구 덕분이었다. 스포츠 기구의 발전과 현대 스포츠의 등장을 같은 맥락에서 파악하는 것은 바로 이런 배경 때문이다.

(2) 스포츠의 확산

그러나 스포츠 기구가 설립된 것만으로 스포츠의 제도화와 조직화 과정이 곧바로 순탄하게 완결되어 스포츠가 사회 속에 뿌리를 내리게 된 것은 아니다. 새롭게 마련된 스포츠 내부의 질서를 효과적으로 유지·확산시키기 위해서는 기구의 설립과 더불어 새로운 수단이 필요했다. 교육이 그 역할을 떠맡았다. 사실 스포츠는 현대 산업사회의 발전 이외에도 19세기 중반 영국 교육 기관들의 현실적 필요와 밀접하게 연결되어 있기도 하다.

영국의 교육 기관에서 스포츠가 필요했던 까닭은 무엇일까? 이를 알기 위해서는 초기 현대 스포츠의 발전을 이끌었던 19세기 중반 영국의 퍼블릭 스쿨public school(사립 중등학교)[6]의 상황과 학교의 개혁에 대해 알아볼 필요가 있다.[7] 근대 이후 영국 사회의 상층 엘리트, 즉 귀족이나 신흥 부르주아 계급 자제들의 교육을 담당해왔던 이튼과 해로 등의 퍼블릭 스쿨들은 이 시기 심각한 위기에 직면하고 있었다. 퍼블릭 스쿨에 진학했던 상층 계급 출신의 자녀들이 교사들의 통제에 잘 따르지 않았을 뿐 아니라 때로는 교내 폭동 등을 일으켜 학교의 권위에 직접 도전하는 행위도 서슴지 않았기 때문이다. 또 막무가내인 이들의 행위 때문에 학교 주변의 농부들과 자주 마찰을 빚기도 했다. 이런 위기에 직면한 학교의 운영자들은 두 가지 방향에서 개혁을 시도했다.

한 가지는 학교 조직을 기숙사 체제house system로 개편하는 것이었다. 조앤 K. 롤링의《해리 포터》시리즈에 나오는 호그와트 마법 학교처럼 전교생을 여러 기숙사에 분산·배치한 후 기숙사별로 담임 교사를 두고 학생들 중에서 반장을 뽑아 통제권 일부를 그들에게 위임해준 것이다. 그 결과 교장에서 지도 교사, 반장, 일반 학생으로 이어지는 일목요연한 위계 체계가 구축되어 학생들을 쉽게 통제할 수 있었다.[8] 다른 하나는 교과 과정에 스포츠를 적극적으로 도입한 것이다. 스포츠는 청소년기 학생들의 넘치는 에너지를 적절한 방향으로 이끌어 학생들의 방종을 막는 역할을 담당했다. 특히 사춘기 남학생들의 방종을 통제하는 데 스포츠의 역할이 컸다. 그리고 스포츠의 이런 역할을 극대화하기 위해 퍼블릭 스쿨의 교장들은 의도적으로 스포츠의 남성성을 강조하기도 했다.[9] 훗날 현대 스포츠의 요람으로 발전한 퍼블릭 스쿨에서 스포츠는 통제를 목적으로 도입되었다는 것이다.

학교 체육을 도입하게 된 일차적인 의도가 학생들의 통제를 위한 것이기는 했지만 이것이 광범위하게 확산될 수 있었던 데는 다른 요인도 작용했다. 우선 퍼블릭 스쿨이 개혁되던 시기에 그 학교들이 차지하고 있던 사회적 위상을 들 수 있다. 18세기 중반까지 영국 사회에는 봉건주의의 유제(遺制)였던 엄격한 신분제가 여전히 잔존하고 있었다. 그런데 18세기 말에 접어들면서 조금씩 틈이 생기기 시작했다. 귀족의 혈통을 물려받지는 못했지만 상공업에 종사하며 부를 축적한 부르주아들이 귀족과 혼인 관계를 맺거나 여타의 수단을 동원하여 귀족의 작위를 획득하는 일이 빈번해졌다. 또한 예전 귀족들의 주요 수입원이었던 토지의 재산 가치가 하락하면서 경제적 곤란에 직면했던 귀족들이 그런 현실을 어느 정도 용인하게 되었다. 하급 귀족들 중에는 적극적으로 부유한 부르주아와 혼인 관계를 맺음으로써 신분을 유지하는 데 필요한 경제적 도움을 얻으려는 사람들도 있었다. 이처럼 신분제와 관련해 귀족들의 양보가 일어나면서 기존 신분제의 틀이 되었던 외적 장벽은 상당 부분 완화되었으며 상층 부르주아들이 새롭게 지배 계급의 범위 안으로 급속히 포섭되기 시작했다.

그러나 이질적인 지배 계급의 구성원들이 공동의 의식과 생활양식을 유지하기 위해서는 별도의 장치가 필요했다. 19세기 중반의 퍼블릭 스쿨은 확대된 지배 계급의 자녀들이 공동생활을 통해 연대의식을 다지는 공간이 되었다. 다시 말해 당시의 퍼블릭 스쿨은 지배 계급 내부의 계급 화합이라는 목표를 달성하는 수단으로서 의미를 지니고 있었다. 축구, 럭비, 크리켓 등 규칙 체계를 새롭게 정비한 일련의 팀 스포츠들은 출신 배경도 다르고 선호하던 여가도 다르던 학생들이 함께 즐길 새로운 종류의 여가 활동이 되었다.[10]

이들 새로운 스포츠가 단지 상층 계급 내부의 일체감을 형성하는 데만 기여한 것은 아니다. 그것은 동시에 외부의 피지배 계급과 상층 계급을 구별하는 지표가 되기도 했다. 즉 특정한 스포츠 활동에 대한 참여 여부가 신분을 가르는 외적 표지가 되었다는 것인데, 특히 이러한 스포츠의 역할은 신분제가 약화되면서 당시 영국의 지배 계급으로 새롭게 편입된 젠트리gentry가 하층과의 경계가 그다지 명확하지 않은 신분이었다는 것과 밀접한 관련이 있다.[11] 부의 축적에 힘입어 새롭게 젠트리로 편입되는 부류가 적지 않다 보니 젠트리의 하층은 항상 유동적인 상태에 머물러 있을 수밖에 없었다. 이처럼 젠트리의 외적 경계, 특히 아래쪽의 경계가 분명하지 않다 보니 새롭게 젠트리로 포함된 층은 자연스럽게 그 경계를 좀 더 분명하게 만들어 평민 계급과 자신들을 구분하려는 욕구를 강하게 느끼게 되었다. 그 수단으로 채택된 것 중 하나가 상층 계급의 생활방식을 모방하여 자기 것으로 만드는 것이었다. 이튼과 해로 등 일부 전통 있는 명문 퍼블릭 스쿨에서 먼저 채택했던 스포츠 활동이 랜싱이나 로레토와 같은 신흥 퍼블릭 스쿨로 급속히 전파될 수 있었던 배경에는 젠트리의 이러한 열망이 깔려 있었다고 할 수 있다.[12]

이외에 산업화 초기에 급격히 변화했던 사회 환경이 미친 영향도 빼놓을 수 없다. 19세기 초반에 들어와 산업화가 급속하게 진척되면서 대도시들이 성장하기 시작했다. 대도시가 발달하면서 하층 노동 계급이 주거했던 지역의 비위생적 환경은 심각한 사회적 우려의 대상이 되었다. 또한 이전의 토지귀족들이 잦은 야외 활동을 즐겼던 것과 달리 사무실에서만 근무하는 비활동 직업sedentary work의 종사자가 늘어났다. 이러한 요인들이 청소년의 건강에 대한 우려를 촉발시켰다. 게다가 이 시기에 급속하게 발전한 의학이 이런 우려를 확산시키는 데 공헌했다. 의학이 발전함으로써 전반적으로 위생에 대한 관심이 증대했으며 이는 곧바로 육체에 대한 관심으로 연결되었기 때문이다. 따라서 스포츠 활동은 산업화된 사회의 도시적 삶이 초래한 해악을 치유할 효과적인 방안으로 인식되었다.[13]

영국 제국주의 또한 학교 체육을 확산시키는 데 영향을 미쳤다. 세계에서 가장 넓은 식민지를 거느린 영국은 광대한 식민지를 경영하기 위해 많은 인력이 필요했으며 퍼블릭 스쿨은 이에 필요한 인력을 공급해주는 젖줄 역할을 담당했다. 당시 제국주의 경영자들의 공식적 이데올로기는 '백인의 의무burden of Whites'라는 온정주의적 태도였다. 이는 당시 유행하던 사회 진화론에 기반을 둔 것으로, 더 많은 진화를 이룩한 백인들이 미개한 식민지인들을 교화해야 한다는 논리였다. 이런 이데올로기는 제국주의 경영자들이 도덕적으로 우월한 존재라는 자부심으로 연결되었다. 하지만 이것은 그저 명목상의 이데올로기였을 뿐, 영국의 스포츠 사학자 망건 J. A. Mangan의 지적처럼 실제 식민지의 경영 과정에서는 도덕적 지도력 못지않게 식민지인들의 반발을 억압할 강한 물리력이 요구되었다. 식민지인들은 외부의 침략자인 이들의 지배에 맞서 격렬하게 저항했기 때문이다. 따라서 학교 체육 활동은 식민지인을 힘으로 제압할 물리력을 갖춘 강건한 인재를 길러내는 데 유용한 수단으로 인식되었다.[14]

결국 스포츠는 19세기 중반 퍼블릭 스쿨의 상황이라는 내적 요소, 다시 말해 학생에 대한 통제의 필요성과 산업화된 제국주의 국가 영국의 상황이라는 외적 요소가 결합하여 퍼블릭 스쿨에 도입되었다고 할 수 있다. 그러나 이렇게 도입된 스포츠가 곧바로 모든 학생들의 지지를 받을 수 있었던 것은 아니다. 다수의 학생들이 스포츠에 열광적으로 탐닉하며 도입 의도에 순응했지만 스포츠에 관심을 보이지 않거나 참여를 거부하는 학생도 적지 않았다. 이들에게 스포츠를 강요하기 위해서는 일련의 정당화가 필요했다. 여기서 하나의 이데올로기가 발전하여 이것의 정당화에 기여했다. 그것은 바로 당시 각광받던 사회진화론의 도움을 받아 스포츠가 청소년의 인성을 형성하는 데 도움이 되며 협동심과 남성다움, 애국심을 길러 제국의 요구에 부응할 인재를 길러내는 데 기여한다는 이데올로기였다. 오늘날에도 널리 애용되는 '건강한 신체에 건전한 정신이 깃든다'는 표현이 이를 단적으로 말해주고 있다.

그렇다면 당시 사람들이 스포츠가 함양할 수 있는 건전한 정신의 요소로 생각한 것은 무엇이었을까? 먼저 각광받았던 것은 국가 방위에 필요한 강인한 군인을 양성하는 데 스포츠 활동이 도움이 된다는 측면이었다. "워털루 전투의 승리를 가져온 기반은 이튼의 운동장에서 마련되었다"는 웰링턴 A. W. Wellington의 언급에서 이런 인식이 잘 드러난다. 웰링턴의 언급은 스포츠 활동이 강건하고 지도력 있는 군인을 양육하는 데 기여한다는 의미를 담고 있다. '체력은 국력'이라는 표현 역시 웰링턴의 말을 변형한 것이라고 할 수 있다. 체육 활동이 곧 국력의 지표가 된다는 인식은 20세기 중반까지 널리 유행했으며 19세기 말 조선에도 이런 인식이 수입되어 학교 교육에 영향을 미쳤다. 19세기 말부터 20세기 초의 영국에서 체육이 가장 중요한 학교 교과였듯이 국권 상실의 위기에 처해 있던 조선의 선각자들도 체육을 다른 교과들에 앞서는 중요한 과목으로 인식했던 것이다.[15] 사실 국가가 존망의 위기에 있던 당시의 상황에서 체육에 대한 이러한 강조는 일면 당연한 것인지도 모른다. 마찬가지로 식민지를 둘러싼 강대국들간의 전쟁이 끊이지 않고, 다가올 세계 대전의 암운에 시달려야 했던 서구 국가들에서도 스포츠가 함양하는 강인한 체력은 부강한 국가의 형성에 기여할 매력적인 자질로 비쳐졌다.

두 번째 요소로는 집단에 대한 헌신을 들 수 있다. 영국인들이 중시했던 팀 스포츠는 개인의 우월한 능력에 못지않게 팀 성원들 사이의 집단적인 협동이 중요한 스포츠였다. 개인적으로 아무리 뛰어난 실력을 발휘하더라도 팀은 패배할 수 있고 그 역도 마찬가지인 것이다. 따라서 팀 스포츠에서는 개인의 성취보다 팀에 대한 헌신이 강조되었다. 그리고 집단에 대한 이런 헌신은 궁극적인 집단으로서 국가에 대한 충성과 직접 연결되는 자질로 인식되었다.[16]

세 번째로 인내와 절제, 불굴의 정신과 같은 개인적 도덕성의 측면을 지적할 수 있다. 스포츠 훈련 과정이나 격렬한 시합 과정에서의 고통을 넘어설 수 있으려면 강인한 자질이 함양될 필요가 있다. 스포츠 활동을 장려하면 역경을 두려워하는 비겁한 정신을 제거할 수 있으리라는 것이 당시 스포츠를 권장했던 교육자들의 생각이었다.

마지막 요소로 아마추어리즘의 핵심 요소 중 하나인 공정성이나 규율에 대한 절대적 복종과 같은 자질을 들 수 있다. 차라리 패배할지언정 부당한 방법을 써서 승리하지 않는다거나 심판의 권위에 절대 복종하는 것과 같은 자질이 바로 이런 공정성과 연결되어 있다. 실제로 현대 스포츠가 발전했던 초기 귀족들의 팀 스포츠에서는 아예 심판이 없었는데, 그 이유는 신사가 고의로 반칙을 저지를 리가 없고 또 설사 실수로 반칙을 저질렀다 하더라도 바로 인정할 것이라는 긍지가 밑바탕에 깔려 있었기 때문이다. 이러한 자질은 승리만을 위해 온갖 수단을 마다하지 않는 하층 계급의 프로 선수들과 상층 계급을 구분하는 자질로 인식되었다.

스포츠가 함양할 것이라 가정되었던 인격은 이 요소들을 모두 포함하고 있는 개념이었다. 스포츠의 기능에 대한 이러한 이데올로기는 훗날 체육 정신athleticism으로 불리게 되는데, 체육 정신은 19세기 중반 영국에서 형성된 것으로 청소년의 교육에서 체육 교육의 중요성을 강조하는 이념이라고할 수 있다. 19세기 초·중반을 거치며 독일의 체조 교육자 얀 F. L. Jahn이 주도했던 체조 운동인 투르넨Turnen 운동을 비롯해 유럽의 여러 나라에서 신체 단련의 중요성을 강조하는 움직임이 일어나고 있었으나 이 움직임이 이념적으로 가장 체계화되고 광범위하게 뿌리를 내린 곳은 영국이었다. 특히 체조와 같은 개인 운동에 치중한 대륙 국가들과 달리 영국에서는 럭비와 크리켓 같은 팀 스포츠가 중심을 이루었다.[17] 망건은 체육 정신을 다음과 같이 정의한다.

> 신체 운동이 가치 있는 도구적 목적과 인상적인 교육적 목적, 즉 신체적·도덕적 용기, 충성심과 협동, 공정하게 행위하고 패배를 기꺼이 수용할 수 있는 자질, 명령하고 복종할 수 있는 능력을 주입하는 데 매우 효과적인 수단이라는 진지한 믿음. 낭만적이고 잘못 부여되었으며 근시안적이기는 하지만 많은 사람들이 이 믿음을 상당히 많이 그리고 강제적으로 받아들이게 되었다.[18]

어쨌든 영국에서 체육 정신이라는 이데올로기가 광범위하게 확산되면서 스포츠는 주요 퍼블릭 스쿨들의 핵심 교과 중하나가 되었다. 또한 선발 퍼블릭 스쿨의 권위를 모방하고자 했던 후발 퍼블릭 스쿨들이 스포츠를 적극 채택하면서 체육 활동은 퍼블릭 스쿨의 특징으로까지 발전했다.[19] 나아가 초기에 상층 계급의 퍼블릭 스쿨 출신 인사들을 중심으로 이루어진 스포츠와 교육의 결합은 1870년 이후 보통 교육의 확대에 힘입어 노동 계급 청소년에게까지 확대된다. 19세기 중반 영국의 고급 퍼블릭 스쿨에 체육 정신이 자리잡는 과정에 대한 망건의 분석이라든지, 축구가 대중 스포츠로 자리잡는 데 퍼블릭 스쿨이 가장 중요한 기반이 되었다고 지적한 월빈 James Walvin의 논의가 이런 측면을 잘 보여주고 있다.[20] 19세기 말에는 퍼블릭 스쿨뿐만 아니라 각급 학교에서 모두 체육이 가장 중요한 교과목 중 하나였다.[21]

물론 20세기 중반 이후 체육의 중요성에 대한 관념은 다소 변화를 겪었다. 예를 들어 오늘날 스포츠 활동이 강인한 군인을 양성하는 데 도움이 된다고 주장하는 사람들은 그리 많지 않다. 하지만 스포츠 활동이 인성 교육에 효과적이라는 인식은 여전히 지속되고 있다. 특히 오늘날에는 고도로 관료화된 현대 사회의 환경 속에서 스포츠 활동이 조직화되고 통제된 현대 사회의 틀에 잘 적응할 수 있는 인간을 기르는 데 도움이 된다는 측면이 강조되고 있다. 훈련 과정에서 끊임없이 자기를 단련시키고 시합에 나가 규율에 순응하다 보면 자연스럽게 현대 사회의 환경에 적합한 사람으로 성장한다는 것이다. 이와 관련해 하그리브스 John Hargreaves의 주장을 인용해보는 것이 도움이 될 것이다. 하그리브스는 스포츠와 현대 산업을 비교하면서 "고도의 전문화와 표준화, 관료화된 위계적 행정, 장기 계획, 과학과 기술에 대한 의존 증가, 최대의 생산성을 향한 질주, 실행의 양화quantification(量化) 그리고 무엇보다도 생산자와 소비자 모두의 소외"가 공통적으로 나타난다고 주장한다.[22] 이는 스포츠 내부의 질서와 현대 산업의 질서가 상동 구조를 이루고 있어 스포츠 분야에서 습득한 자질이 곧바로 현대 산업의 질서에 적응할 수 있는 능력으로 변모될 수 있다는 의미이다.

한편 교육과 결합하는 과정에서 스포츠 역시 교육적인 형태로 변화한다. 전통적으로 어린이 놀이에서 찾아볼 수 있었던 자발성과 자율성이 제거되고 그 자리에 표준화되고 제도화된 스포츠가 들어서는 것이다. 물론 어린이 놀이가 지닌 자율성에 제약이 전혀 없었던 것은 아니다. 일반적으로 놀이의 방식은 관습성, 즉 그 놀이를 즐겨온 공동체의 전통에 의해 상당 부분 규정된다. 하지만 이런 한계에도 불구하고 어린이 놀이에는 상황에 따라 방식을 변경시킬 수 있는 가능성이 열려 있다. 놀이의 방식이 성문화된 규칙에 의해서가 아니라 구전이나 '보여주기'에 의해 전승되다 보니 전승 과정에서 변형이 일어날 여지도 많고 설사 변형되더라도 이에 대해 이의를 제기할 사람도 없는 것이다.

반면 오늘날 어린이들이 즐기는 스포츠에서는 더 이상 이런 자율성의 흔적을 찾아보기 어렵다. 성인 스포츠의 구조를 그대로 본떠 진행되는 리틀 리그의 성행이 이를 잘 보여준 다.[23] 리틀 리그에서는 정식 코치를 두고 성인들의 정규 리그 와 거의 다를 바 없는 일정에 맞춰 시즌이 진행된다. 원정 경 기를 위해 멀리 떨어진 지역까지 여행하는 사례도 다반사이 다.[24] 심지어 1982년부터는 케이블 스포츠 방송 ESPN이 야 구 리틀 리그 월드 시리즈를 중계하기 시작했으며 2001년부 터는 ABC와 ESPN이 6년간 700만 달러가 넘는 중계권료 계 약을 맺기도 했다.[25] 이처럼 성인 스포츠와 동일한 형식으로 진행되는 어린이 스포츠 활동의 규칙은 이미 성인들이 사전 에 마련해 놓은 것이며 어린이들이 독자적으로 개입할 여지 는 전혀 없다.

또한 각 나라의 전통에 따라 학교 스포츠와 클럽 스포츠 중 어느 쪽이 중심을 이루는지는 약간씩 차이가 있지만 어느 경우에든 스포츠는 사회 성원들의 성장 단계에 맞춰 체계적 으로 배치된다. 고학년과 저학년이 함께 하나의 놀이를 즐기 는 풍경은 사라지고 연령별로 세분화된 시합이 벌어지는 것 이다. 과거 또래의 형들이 차지했던 지도자의 자리에 이제는 성인 코치가 부임하여 어린이들의 활동을 지도한다. 어깨 너 머로 배우던 놀이 기술은 프로그램에 기반을 둔 체계적 훈련 을 통해 스포츠 기량을 습득하는 것으로 변모된다. 긍정적인 면에서 보면 이는 스포츠 향유 기반의 확대이자 생활 스포츠가 뿌리내리는 과정이기도 하다. 그러나 그 대가로 어린이들은 자연스럽게 성인의 세계에 밀착된다. 그리고 이처럼 스포츠가 교육 과정에 적극적으로 이용되면서 어린이들이 즐기는 놀이의 종류가 현저하게 줄어들기도 했다.[26] 또 많은 어린이들이 과도한 훈련 과정을 견디지 못해 성인이 되기도 전에 스포츠 활동을 더 이상 즐기지 않게 되는 사례가 보고되기도 한다. 시사주간지《타임Time》이 인용한 한 연구에 따르면, 미국 어린이의 73퍼센트가 어릴 때 즐기던 스포츠를 13세 이전에 그만두는데, 그 이유는 코치와 부모가 가하는 압박 때문에 스포츠를 하는 것이 더 이상 즐겁지 않아서이다.[27]

결국 교육과 스포츠가 결합되면서 스포츠 내부의 다양성은 사라지고 소수 스포츠로 표준화되어버린다. 나아가 스포츠의 제도화와, 스포츠와 교육의 결합에 의한 스포츠의 표준화는 스포츠를 즐기는 어린이들을 표준화하는 데 공헌한다. 즉 현대 사회에서 스포츠는 어린이를 현대 사회의 틀에 적응시키는 주요한 사회화 수단 중 하나가 된 것이다.

(3) 스포츠와 대중 매체의 결합

사회 성원들의 사회화에 스포츠를 활용할 때 스포츠와 교육을 결합하는 것만으로는 한계가 있다. 일반적으로 스포츠 활동, 특히 팀 스포츠에 대한 참여도는 학교 졸업과 함께 현저히 하락하기 때문이다.[28] 물론 생활 스포츠 클럽이 발달되어 있는 유럽 국가들에서는 학교를 졸업한 후에도 클럽 활동을 통해 스포츠 활동을 지속하는 사람들이 적지 않다. 하지만 그런 활동은 대개 계층에 따라 매우 편향되어 있는 것이 현실이다. 특히 하층 계급의 스포츠 참여율은 어느 사회에서나 현저히 떨어지는 것이 보통이다. 따라서 현대 사회에서는 스포츠를 이른바 평생 교육의 장으로 활용하기 위해 '보는 스포츠'가 고도로 발전하고 있다. 보는 스포츠의 발전에서 서로 연결된 두 가지 요소가 구분될 수 있다. 하나는 스포츠의 상업화, 좁게는 프로 스포츠의 발전이며, 다른 하나는 대중 매체와 스포츠의 결합이다.

하는 스포츠에서 보는 스포츠로의 전환, 즉 관람 스포츠 spectator sports의 전면적인 발전은 현대 스포츠의 가장 큰 특징 중 하나라고 할 수 있다. 관람 스포츠의 발전은 스포츠 활동이 일상의 활동을 방해하지 못하도록 만드는 것, 즉 스포츠를 안전하게 만드는 과정과 긴밀하게 결부되어 있다. 모처럼 휴일에 마음 맞는 사람들과 가볍게 축구를 즐기다가 자칫 부상이라도 입는다면 당장 월요일부터 직장 생활에 지장을 받게 될 것이다. 반면 파울 볼에 맞거나 팬들 사이에 난투극이 벌어지는 극히 예외적인 상황을 제외한다면 프로 축구나 프로 야구 경기를 관람하다 부상을 입을 위험성은 거의 없다. 이처럼 보는 스포츠를 통해 관객들은 스포츠를 직접 하는 과정에서 발생할 수 있는 다양한 위험 요소에서 격리되어 경기장에서 벌어지는 스포츠를 즐기며 안전하게 스포츠의 의미를 습득하게 된다. 평일 프로 스포츠 경기가 대개 일과 시간 후에 벌어지듯이 관람의 구조도 일상의 구조와 충돌하지 않도록 구성되어 있으며 고도로 통제되어 결코 틀에서 벗어나지 않는다. 오후 10시 30분을 넘으면 승부가 나지 않더라도 새로운 이닝에 들어가지 못하도록 하고 있는 우리 프로야구의 규정은 스포츠의 향유가 일상생활의 틀을 방해하지 않도록 이루어지는 것을 보여주는 대표적인 사례다.[29]

한편 보는 스포츠의 발전은 스포츠의 상업화를 상징하기도 한다.[30] 현대 스포츠는 거대한 상업적 잠재력을 지니고 있으며 이를 적극적으로 활용하고 있다. 산업 사회가 도래하면서 노동과 여가가 분리되어 스포츠의 상업적 잠재력을 적극적으로 활용할 수 있는 바탕이 마련되었기 때문이다. 프로 스포츠가 정착된 19세기 말은 영국을 위시하여 선진 산업 사회가 대중 여가 사회로 변화한 시기이기도 하다.[31] 전반적으로 노동 시간이 단축되는 가운데 특히 토요일 오전 근무제가 실시되고 임금이 상승하면서 여가를 향유할 실질적인 바탕이 마련되었다. 이전까지 장시간의 노동에 얽매어 여유를 갖지 못하던 일반 노동자들이 '유한계급'의 대열에 본격적으로 합류하기 시작한 것이다. 산업화 과정에서 일시적인 쇠퇴의 길을 걷던 축구의 인기가 다시 부활한 것도 이 무렵부터다. 자연스럽게 이들을 겨냥한 상품으로서 '보는 스포츠'가 발전했는데, 프로 스포츠의 발전은 이런 맥락에서 이해될 수 있다.

하지만 프로 스포츠의 발전이 처음부터 순탄하게 진행되었던 것은 아니다. 권투처럼 18세기부터 프로 스포츠의 성격을 지니고 있던 일부 스포츠를 제외하면 19세기 말 프로 스포츠의 발전은 조직 스포츠의 상층부를 독점하고 있던 상층 계급 출신 아마추어들의 강한 저항을 받았기 때문이다. 조직 스포츠의 초기 보급 과정에서 중요한 역할을 담당했던 이들 상층 계급 아마추어들은 '하는 스포츠'를 강조하고, 돈을 위한 스포츠보다는 스포츠 그 자체가 목적인 스포츠를 내세우면서 프로 스포츠의 도입에 강하게 반발했다. 1924년 파리 올림픽을 준비하던 영국 육상 선수들의 실제 경험을 영상으로 옮긴 영화 〈불의 전차*Chariots of Fire*〉의 등장인물들이 바로 이 아마추어들이 지향하는 이상적인 스포츠인의 상이었다. 그들의 경쟁은 순수함으로 가득 차 있으며 그 경쟁 속에 세속의 욕망이 끼어들 여지는 어디에도 없다.

물론 상층 계급 아마추어 체육인들의 반대가 단지 순수한 스포츠를 지키려는 생각에서 나온 것만은 아니다. 아이러니컬하게도 실상 그 밑바닥에는 하층 계급에 대해 문화적 지배권을 유지하려는 욕망이 숨어 있었다. 이 점을 잘 보여주는 것으로 당시 통용되던 프로 선수에 대한 규정을 들 수 있다. 공식적으로 프로 선수란 스포츠 경기에 참가함으로써 경제적 이득을 얻는 선수를 지칭했지만 당시에는 돈을 받고 시합에 참여하는 사람뿐만 아니라 육체 노동자까지 프로 선수에 포함시켰다.32 럭비의 아마추어 규정이 지니고 있었던 위선적 성격을 지적한 콜린스Tony Collins에 따르면 "아마추어 정신을 옹호하는 중산 계급에게 경기의 참가 수당을 받느냐 안 받느냐의 문제는 그 돈을 받는 선수가 어떤 계급 출신인지에 비해서는 부차적인 문제에 지나지 않았다".33 즉 상층 계급 출신의 아마추어 체육인들은 육체 노동을 통해 신체적 이점을 획득한 사람들을 아마추어에서 배제함으로써 노동 계급 출신의 선수에게 패하는 수모를 겪지 않으려 했던 것이다.34

그러나 상층 계급 내부에도 균열이 존재했다. 스포츠에서 지배권을 놓치지 않기 위해 노심초사하는 상층 계급 아마추어들의 옆에서 스포츠가 제공하는 새로운 사업 기회를 활용하고자 틈을 엿보던 사람들이 있었기 때문이다. 초기 조직 스포츠의 발전을 이끌던 사람들이 상층 계급의 성원들이었듯이 프로 스포츠의 발전 과정 초기를 주도했고 현재도 주도하고 있는 사람들 역시 상층 계급의 성원들이다. 이들은 새로운 프로 시합의 프로모터가 되었고 프로 구단을 설립하는 데도 앞장섰다. 이들의 개입으로 스포츠 운영은 급격하게 자본주의적 기업과 유사한 형태를 띠기 시작했다.

프로 스포츠의 발전이 가속화시킨 스포츠의 상업화 경향은 현대 스포츠에 독특한 흔적을 남기고 있다. 프로 구단의 기업 조직 속에서 선수들은 대부분의 노동 계급 성원들과 그다지 다르지 않은 일종의 준(準)노예 상태에 처하게 되었다. 구단을 소유하고 시합을 개최하는 상층 계급 성원들이 자본가의 위치를 차지할 때 시합을 하며 수당을 받는 선수들은 바로 노동자의 위치에 놓이게 되었다. 실제로 선수들은 자유롭게 구단을 선택할 수 없었고, 연봉 역시 구단이 일방적으로 책정하는 등 노동자들보다 더 열악한 처지에 있는 형편이었다. 또한 1920년대까지도 프로 선수들의 수당은 당시 숙련 노동자의 임금을 약간 웃도는 수준에서 결정됨으로써 짧은 선수 경력과 부상에 의한 돌발적인 경력 중단의 가능성 등을 고려해볼 때 그다지 높지 않은 수준을 유지했다.[35] 1950년대 이후 일련의 소송 과정을 거치며 이적이나 연봉 협상과 관련된 선수들의 권익이 많이 신장되기는 했지만 아직까지도 구단에 종속된 선수들의 처지는 크게 개선되지 않은 실정이다.[36]

프로 스포츠의 인기가 확산되는 데에 스포츠와 대중 매체 사이의 결합이 미친 영향도 빼놓을 수 없다. 양자의 결합은 19세기 초 신문의 상업화 시기까지 거슬러 올라간다. 원래 특정 정파의 이념을 널리 전파하는 목적을 지닌 당파지였던 초기 신문들은 이 무렵에 그 자체가 이윤 추구를 위한 하나의 산업으로 변질되었다. '페니 신문'으로 불렸던 신문들은 이 시기에 광고를 주된 수입원으로 삼으면서 신문의 가격을 아주 낮게 책정함으로써 독자를 많이 끌어 모으려 시도했다. 자연스럽게 이 신문들은 더 많은 독자, 특히 광고주들이 좋아하는 구매력 있는 중산층을 만족시키기 위해 사회적으로 논쟁이 되었던 사안들을 회피하고 오락적 요소를 풍부하게 가미한 신문을 만들기 시작했다. 1822년에 설립된 신문 〈벨즈 라이프 인 런던Bell's Life in London〉이 스포츠 기사를 실어 판매량을 올리면서 스포츠와 대중 매체 사이의 행복한 결합이 시작되었다. 특히 1880년대부터 지역 신문들은 조직 스포츠 전반을 진지하게 다루면서 프로 스포츠에 대한 관심과 지식을 확산시키는 데 기여했다.[37]

물론 스포츠와 대중 매체 사이의 결합이 어떤 계획이나 음모의 산물인 것은 아니다. 오히려 이 결합을 만들어낸 것은 순수한 상업적 동기였다고 할 수 있다. 하지만 이 과정에서 대중 매체는 스포츠의 전국화에 공헌했으며 단일한 스포츠 정신을 전국에 확산시키는 데에도 기여했다. 우선 대중 매체가 스포츠 뉴스를 다루기 시작하면서 한 국가 내부에서 스포츠의 표준화가 가속화되었다. 대중 매체는 신속한 전달력으로 이전까지 지역 수준에 머물러 있던 대중의 관심을 전국으로 확대시켰는데 이는 스포츠의 표준화에 자극제로 작용했다. 한편 대중 매체는 스포츠의 개별 종목, 나아가 스포츠 전체의 표준화된 이미지를 형성해 전파하는 데도 기여했다.[38] 즉 단순히 스포츠를 수용자에게 전달해주는 데 그치지 않고 수용자가 특정한 방식으로 스포츠를 수용하도록 의도적으로 수용자를 구성해냈던 것이다.[39] 흔히 대중 매체는 사회적 의제social agenda, 즉 사회적으로 논의해볼 만한 사안이 무엇인지를 설정하는 기능을 갖는다. 그런데 대중 매체는 스포츠에서도 이와 유사한 기능을 수행했다. 지난 2002년 월드컵에서 우리 대중 매체들은 우리 대표팀의 16강 진출 여부를 핵심 의제로 삼아 보도했으며, 16강 진출을 이루려면 어느 팀에게 어떤 성적을 거두어야 하는지 열심히 설파했다. 자연스럽게 수용자는 대중 매체가 강조한 사안들을 염두에 두고 시합을 지켜보았다. 또한 대중 매체의 이런 노력 덕분에 평소 스포츠를 전혀 즐기지 않던 여성들도 월드컵 16강 진출을 우리 민족의 숙원처럼 받아들이게 되었는데, 월드컵 기간 중 거대한 거리 응원의 물결이 형성된 데는 다른 여러 가지 요인과 함께 대중 매체의 역할이 컸다고 할 수 있다.

결국 현대 스포츠는 조직화된 관료 기구를 갖추면서 사회의 다른 부문과 발을 맞추게 되고 그 과정에서 사회화의 도구로 적극 활용된다. 스포츠와 교육의 결합, 보는 스포츠의 발전, 스포츠와 대중 매체의 결합은 스포츠의 이러한 기능을 보완해주는 요소다. 그 결과 "현대 사회에서 스포츠는 사회적 가치를 전파하고 전달해주는 정형화된 사회 제도로 등장"할 수 있었다.[40] 근대 이전의 스포츠가 축제와 같은 예외적인 행사에 부수된 예외적 활동이었던 것과 달리, 현대 사회에서

스포츠는 일상의 한 부분으로 깊이 통합되어 일상과 자연스
럽게 연결되어 있다.

3. 현대인은 왜 스포츠에 열광하는가

앞에서는 현대 스포츠가 발전해온 과정과 현대 스포츠의
특성에 대해 알아보았다. 이런 발전의 결과 현대 스포츠는
현대인의 일상생활에서 빠질 수 없는 한 부분으로 등장했다.
이처럼 현대 사회에서 스포츠가 일상화되어 많은 사람들이
스포츠를 자연스러운 일상의 부분으로 받아들이게 된 배경
은 무엇일까? 이에 대해서는 스포츠를 직접 즐기는 사람인
지 아니면 보는 데 만족하는 사람인지, 또는 열광적으로 자
신의 팀을 응원하는 적극적인 팬에 속하는 편인지 그냥 시
간을 때우기 위해 스포츠를 이용하는 사람인지에 따라 다양
한 요인이 제시될 수 있다. 영국의 스포츠 학자 캐시모어Ellis
Cashmore는 이 모두를 아우르는 좀 더 일반적인 배경으로 다
음과 같은 세 가지 요인을 제시한다.[41]

첫 번째 요인은 발달된 선진 사회를 사는 현대인의 삶이
너무 뻔하게 되어버렸다는 점이다. 현대 사회는 고도로 조직
화되고 관료화됨으로써 고도로 예측 가능한 사회가 되었다.
스포츠의 인기가 높은 안정된 선진 사회에서는 일상의 리듬

을 파괴하는 갑작스러운 사건이나 사고가 거의 일어나지 않는다. 행여 그런 일들이 벌어진다 하더라도 이미 완벽하게 준비되어 있는 처리 조직이 금방 일상을 회복시킨다. 이런 예측 가능성은 사람들에게 편안함을 주기도 하지만 흥분을 경험할 기회를 박탈해 일상생활을 지루하고 재미없게 만들기도 한다.

스포츠의 일차적 매력은 예측 불가능성에 있다. 지난 2002년 월드컵에서 실감나게 확인한 바 있듯이 객관적 전력이 곧바로 승부의 결과로 이어지는 것은 아니다. 그렇다면 굳이 경기를 애써 벌일 필요 없이 그냥 양 팀의 전력을 분석하여 승자와 패자를 결정할 수 있을 것이다. 그러나 공은 둥글고 경기의 과정에는 항상 이변의 여지가 존재한다. 예측 불가능성은 너무 뻔하게 예측 가능한 현대 사회의 삶에 신선한 청량제가 되어줄 수 있다.

두 번째 요인은 현대 사회에서의 삶이 지나치게 예의바르다는 점이다. 문명화된 사회는 폭력의 사용을 국가가 독점하고 사적 개인의 폭력을 철저히 억압하는 사회이기도 하다. 공격성이 동물로서의 인간이 지니고 있는 본능 중 하나라 하더라도 문명화된 사회에서 개인의 동물적 기질을 표출할 기회는 최소한으로 억제된다. 일상생활에서 이른바 매너가 정착됨으로써 사람들 사이의 일상적인 상호 관계는 부드럽게 진행되지만 그 과정에서 사람들은 미처 발산하지 못하는 동물적 본성 때문에 스트레스를 받는다. 마음에 맞지 않는 일이 생겨 화가 나더라도 드러내놓고 풀 기회는 마련되지 않는다. 일부 심리학자들은 이런 상황이 정신병의 증가를 가져오기도 한다고 설명한다.

이때 스포츠는 이 동물적 본성을 발산할 수 있는 훌륭한 장이 된다. 평소 길을 지나면서 다른 사람들과 몸이라도 부딪칠까 조심하며 걷는 사람들도 조기 축구회에 나가 축구를 할 때에는 과감하게 마음껏 몸을 부딪치며 상대편 선수의 공을 뺏기 위해 노력한다. 일상생활에서는 허용되지 않는 행위들도 스포츠 활동 과정에서는 용인되는 사례를 숱하게 찾아볼 수 있다. 이는 단순히 스포츠를 관람만 할 때에도 마찬가지다. 그냥 다소곳이 앉아서 명상을 즐기거나 동행한 사람과 편안히 담소를 즐기기 위해 경기장을 찾는 사람은 거의 없다. 대부분의 관객은 소리를 지르고 몸을 움직이기 위해 경기장을 찾는다. 그들은 응원하는 팀의 상대 팀이나 심판에게 공격성을 마음껏 발산한다. 특히 하층 계급의 성원들처럼 사회생활에서 스트레스를 많이 받는 사람들의 경우 스포츠 관람에서도 우리 편과 상대편을 명확히 구분하고 경기의 결과에 열을 올리며 상대편 선수나 심판에게 욕설이나 비난을 퍼붓는 사례가 훨씬 더 많다고 한다. 주로 하층 계급 출신 청소년들로 구성된 축구 경기에서의 훌리건들처럼 때로 그런 공격성을 직접적인 형태로 표출하여 상대 팀의 응원단에 폭력을 휘두르는 사례조차 심심치 않게 찾아볼 수 있다.

세 번째 요인은 현대 사회의 일상생활이 너무 안전하다는 것과 연관된다. 환경 문제나 핵 위협 또는 대량 살상 무기의 등장 등 과거에 존재하지 않던 전 지구적 위험이 증가한 것은 사실이다. 하지만 대부분의 일상생활은 과거에 비해 월등히 안전해졌다. 인간이 통제할 수 없는 천재지변은 많이 줄어들었으며 통제 가능한 질병의 종류는 훨씬 늘어났다. 밤길을 가다가 무서운 동물과 맞닥뜨려 목숨을 잃을 가능성은 거의 사라졌다. 현대 도시의 밤거리에서 가장 두려운 존재는 바로 인간이지만 잘 조직된 경찰 조직이 그런 위험성을 완화한다. 교통사고와 같은 새로운 위험이 발생하고 있지만 곧 위험을 제거할 안전한 수단이 개발된다.

안전성의 증가는 거꾸로 모험에 대한 인간의 욕망을 부추긴다. 그러나 이미 안전에 길들어 있는 현대인들의 모험이 과거의 순수한 위험과 동일할 수는 없다. 대다수의 현대인은 모험을 즐기면서도 위험의 양을 일정한 한계 안으로 묶어놓고 싶어 한다. 즉 현대인들이 추구하는 위험은 순수한 위험이라기보다는 관리된 위험이라고 할 수 있다. 산악 자전거나 스카이 보드처럼 많은 젊은이들이 열광하는 극한 스포츠나 번지 점프 같은 오락이 대표적인 예이다. 극한 스포츠와 같은 위험한 스포츠에 몰입하는 사람들도 그런 활동이 목숨을 잃을 만큼 위험하지 않다는 것을 잘 알고 있다. 말하자면 그들은 최소한 자살의 한 방법으로 극한 스포츠를 택하는 것이 아니다. 이들 활동은 기본적으로 모험의 욕망을 충족시키도록 마련된 것이지만 극단적인 위험은 피할 수 있도록 다양한 장비들이 개발되어 있고, 참여자들은 그 장비의 안전성을 신뢰하기 때문이다.[42]

현대 스포츠는 모험에 대한 욕망을 충족시키면서 좀 더 안전한 활동의 다양한 형태를 제공해준다. 모든 스포츠 활동에는 항상 어느 정도 위험한 상황이 발생할 소지가 있으며 이 위험성 덕분에 참여자들은 짜릿한 스릴을 느낄 수 있다. 엘리아스가 현대 스포츠는 흥분의 추구에 기반하고 있다고 얘기할 때 그 흥분 속에는 바로 이러한 스릴의 요소가 포함되어 있다.[43] 하지만 동시에 스포츠 활동에서 이 위험성은 최소화되며 더욱더 안전한 형태로 변형되고 있기도 하다. 각종 스포츠에서는 경기 중 발생할 수 있는 부상을 예방하기 위해 좀 더 안전한 용구들을 개발하고 있다. 부상을 줄이기 위해 경기의 규칙까지 바꾸기도 한다. 선수의 부상을 최소화하기 위해 마련된 축구의 백 태클 금지 조항과 같은 규정이 스포츠의 안전화를 보여주는 대표적인 사례다. 19세기 중반까지 축구 규칙에서는 해킹hacking이라고 하여 상대 선수의 정강이를 걷어차는 것까지 정상적인 기술의 하나로 인정했다는 점을 생각해본다면 현대 스포츠가 얼마나 안전성을 증진시켜 왔는지를 확인할 수 있다. 이런 의미에서 현대 스포츠는 안전성과 모험 욕구 충족이라는 양면을 동시에 채우는 훌륭한 수단이 된다.

결국 현대인들은 스포츠가 제공하는 예측 불가능성, 공격성을 발산할 기회, 모험 욕구의 충족 기회 등을 얻기 위해 스포츠에 몰입한다고 할 수 있다. 물론 스포츠를 좋아하는 사람들 개개인에게는 훨씬 다양하고 복잡한 이유가 있을 수 있지만 현대 사회에서 스포츠가 각광을 받는 전반적인 맥락으로는 이런 요인들을 제시해볼 수 있다는 것이다. 따라서 예측 가능성이 좀 더 높고, 좀 더 문명화되고, 더욱 안전한 사회일수록 스포츠의 인기가 높아질 것이라고 쉽게 짐작해볼 수 있다. 남미의 축구 열기와 같은 몇몇 예외적인 사례를 제외하면 대부분 선진국일수록 스포츠의 인기가 높고 다양한 스포츠를 즐기고 있는 것은 이런 배경에서 이해될 수 있다. 마찬가지로 선진화된 사회일수록 스포츠의 안전성에 대해 더욱 세심하게 배려한다. 권투의 야만성을 비판하면서 권투를 스포츠의 범주에서 제외하여 불법화하려는 운동이 광범위하게 벌어지고 있는 것은 안전성에 대한 집착을 보여주는 대표적 사례라고 할 수 있다.

앞서 캐시모어의 논의가 현대인들이 스포츠를 즐기는 이유를 일반적인 수준에서 해명해주고 있기는 하지만 그것만으로 스포츠가 각광을 받는 이유가 모두 설명되었다고 보기는 어렵다. 그의 논의가 주로 스포츠를 선호하는 사람들, 즉 스포츠 수요자의 관점을 취하고 있기 때문이다. 반면 비판적인 관점을 지닌 다른 논자들은 현대 스포츠의 발전이 본래 학생들의 통제를 추구하는 데서 비롯되었듯이 스포츠의 광범위한 인기와 관련해 스포츠 공급자의 관점을 취해 보도록 요구한다. 이와 관련해서는 크게 권력의 요구와 산업의 요구로 구분해볼 수 있다.

우선 권력의 입장에서 스포츠는 훌륭한 사회 통제 도구가 될 수 있다. 스포츠를 통해 규율을 준수하는 습관을 주입할 수 있다는 점에서다.[44] 스포츠의 규율이든 사회의 규율이든 규율을 제정하는 사람들은 일반적으로 그 사회의 권력층에 속하는 사람들이다. 스포츠는 이 규율의 정당성에 의문을 제기하지 않고 준수하는 습관을 주입하는 데 효과적인 도구다. 물론 많은 스포츠의 규정들이 과학의 외양을 띠고 있다. 예를 들어 미식축구 규칙 중 터치다운에 의한 득점에 6점, 골킥에 의한 득점에 3점을 부여하는 규정이나, 바둑에서 흑을 쥔 사람에게 5호반을 공제하는 규칙 등은 대결 당사자들이 최대한 공평한 상태를 유지하여 결과의 예측 불가능성을 높일 수 있도록 오랫동안 논의와 시행착오를 거쳐 정착된 것들이다. 하지만 실상 이런 예들은 극히 소수에 지나지 않으며 대다수의 규칙들은 오히려 과학과 무관하게 자의적으로 제정된 것들이다. 당장 축구와 럭비의 상이한 핸들링 규칙이 과학적 원리와 연관되어 있는 것이라고 보기는 어렵다. 허구적인 전설에 따르면 럭비 경기가 축구를 하다 갑자기 공을 들고 뛴 한 학생에게서 비롯되었다고 하듯이 대다수의 스포츠 규칙은 우연적으로 형성된 것들이다. 실제로 축구와 럭비의 상이한 형태는 각 형태의 경기를 즐기던 퍼블릭 스쿨의 운동장 사정에서 비롯된 것이다. 여러 퍼블릭 스쿨 중 럭비 학교와 같은 곳은 운동장의 배수 사정이 좋지 않아 드리블 경기를 하기 어렵다 보니 발로 공을 다루는 방식인 축구보다 손으로 공을 다루는 방식인 럭비를 더 선호하게 되었다는 것이다. 처음에 축구 규칙을 논의하는 과정에서 완전히 통일된 규칙을 마련하는 데 실패하고 축구와 럭비라는 두 개의 상이한 경기로 나눠질 수밖에 없었던 것은 서로 다른 학교 출신들이 자신들이 즐기던 경기의 형태를 완강히 고집했기 때문이다.45

그러나 이처럼 자의적인 규칙이라 하더라도 스포츠 활동에 참여하려면 먼저 규칙에 절대 복종해야 한다. 규칙 지배적 활동인 스포츠는 공통의 규칙에 대한 복종이 전제되지 않는다면 처음부터 성립 자체가 불가능하기 때문이다. 마찬가지로 스포츠 활동을 통해 형성된 이러한 습관은 스포츠와 유사하게 비합리적인 요소를 지니고 있는 사회적 규율에도 효과적으로 확대될 수 있다. 스포츠 활동에 참여하면서 규칙의 합리성에 대해 의문을 제기하지 않듯이 사회를 지배하고 있는 규칙에 대해서도 합리성에 대한 의문을 제기하지 않고 맹

종하는 태도가 자연스럽게 배양될 수 있다는 말이다.

한편 규율에 순종하는 태도는 스포츠를 통해 형성되는 신체 속에 각인된다. 모든 스포츠는 어느 정도의 수준에 이르면 해당 스포츠에 적합한 신체 구조를 갖출 것을 요구한다. 흔히 스포츠 선수들이 시합을 앞두고 '몸을 만든다'고 말하는 것을 들어본 적이 있을 것이다. 이 말은 특정 스포츠에 적합하도록 신체의 근육 구조를 단련한다는 의미다. 단순화시켜 말하자면 야구를 하기 위해서는 팔 근육을 발달시켜야 하며 축구를 하기 위해서는 다리 근육을 발달시켜야 한다. 게다가 이렇게 만들어놓은 근육은 조금만 게으름을 피워도 금방 풀어져버리고 만다. 당장 일주일 정도만 운동을 쉬어도 근육 이완이 발생하기 시작하므로 최상의 상태를 유지하려면 끊임없이 근육을 유지하고 향상시키는 운동을 계속해야 한다. 즉 전문적인 운동선수가 되려면 시합에 참여하는 시간 이외에도 시합에 대비한 준비를 꾸준히 해야 한다. 다소 극단적으로 얘기하면 전문적인 운동선수의 몸은 특정 운동을 하기에 적합하도록 프로그램이 된 로봇과 유사하게 변한다고 할 수 있다.

'몸 만들기'의 의미를 경험하기 위해 굳이 전문 선수가 되어야 할 필요는 없다. 스포츠를 직업으로 갖지 않는 사람들도 오랜만에 축구나 야구를 하고 나서 한동안 특정 부위의 근육에 통증이 생겨 고생했던 경험이 있을 것이다. 이런 현상은 그 운동을 꾸준히 되풀이하면 사라지는데, 이는 그 스포츠에 적합하도록 근육이 어느 정도 적응되기 때문이다. 전문 선수의 체계적인 근육 훈련과는 차이가 있지만 이것도 초보적인 수준의 '몸 만들기'라고 할 수 있다.

일반인들이 대부분 특정 스포츠에 반복해서 참여함으로써 몸을 만든다면 전문 스포츠 선수는 훨씬 더 과학적이고 엄밀한 방법으로 몸을 만든다. 연습 기간 중에 선수들이 즐겨 몰두하는 과학적인 웨이트 트레이닝이 그런 '몸 만들기'의 대표적인 방법이다. 웨이트 트레이닝장에 가득히 진열되어 있는 전문화된 운동 기구들은 각 스포츠의 특성에 맞게 특정 근육을 집중적으로 발달시킬 수 있도록 돕는다. 게다가 최근에는 보통 사람들이 기대하는 경기력의 수준이 점차 높아지면서 일반인 중에도 전문 선수에 못지않은 사람들이 적지 않다.

여기서 지적할 수 있는 것은 스포츠 경기가 유쾌하고 오락적인 것이라 하더라도 그 활동을 준비하는 과정, 즉 '몸 만들기'의 과정은 대체로 매우 지루하고 고통스럽다는 점이다. 그리고 이처럼 고통스러운 '몸 만들기'의 과정을 거치면서 신체는 고통에 단련되며 그만큼 규율에 순응적인 형태로 변화된다. 다시 한번 하그리브스의 말을 빌리면, 이런 과정을 통해 스포츠는 노동 계급이 현대적인 생산 현장에서 요구하는 노동 규율을 받아들이도록 부추긴다.[46] 사실 스포츠 활동,

좀 더 일반적으로 말해 몸매에 대한 모든 담론은 사회적으로 결정된 이상적인 신체의 형태에 스스로 맞춰나갈 것을 요구한다. 이는 텔레비전에 등장하는 멋진 탤런트나 미스 코리아 대회에 출전한 미인의 몸매가 많은 여성들이 지향해야 할 이상적 몸매로 설정되는 것과 같다. 의학을 비롯해 과학의 담론은 이 이상적인 몸매에 권위를 부여해주는 역할을 담당한다. 그러나 따지고 보면 체질이나 그 밖의 개인적 특질을 무시한 채 일반화된 담론은 적지 않은 비합리성을 지니고 있게 마련이다. 하지만 이러한 담론의 비합리성을 깨달았다고 해서 이상적 형태에 스스로를 맞춰나가야 한다는 강박이 줄어드는 것은 아니다. 개인적 인식과 무관하게 사회적 압력이 사람들을 재촉하기 때문이다. 설사 스스로는 몸매가 업무 능력과 무관한 것이라고 생각하더라도 신입 사원 채용 기준에 용모가 들어 있다면 어쩔 수 없이 그 기준에 맞춰갈 수밖에 없다. 이런 방식으로 현대인은 자연스럽게 신체의 규율에 복종하는 존재로 탈바꿈한다.

스포츠는 수용자들을 즐겁게 해줌으로써 사회 비판의 칼날을 무디게 하는 데도 효과적이다. 스포츠의 재미에 빠져 일희일비하다보면 정작 중요한 사회 문제에 관심을 제대로 쏟지 못하게 된다. 스포츠가 흔히 정치적 무관심을 조장하는 수단으로 이용된다는 비판을 받는 것도 이 때문이다. 이미 고대 로마 시대에도 거대한 원형 경기장에서 전쟁 포로와

맹수, 검투사들끼리의 싸움을 조직해 체제에 대한 일반 민중의 불만을 달래는 데 이용했던 적이 있다. 지난 2002년 월드컵 기간 중에 실시된 지방 선거 투표율이 사상 최저를 기록했다는 사실도 스포츠의 그러한 효과를 보여주고 있다. 물론 사회 변화 때문에 정치적 무관심이 널리 만연되어 있고 또한 우리 국민들이 지방 선거를 다소 하찮게 생각하는 요인이 적지 않게 영향을 미쳐 지방 선거에서 낮은 투표율이 나왔다고 볼 수도 있다. 하지만 그런 점들을 감안하더라도 낮은 투표율에 월드컵이 지대한 영향을 미쳤음을 부인할 수는 없다.

더욱 적극적인 측면에서 스포츠는 사회적 합의를 만들어내는 데도 효과적인 수단이 된다. 월드컵 대표팀에 대한 열광이나 박찬호, 박세리, 최경주 등 해외파 선수들에 대한 환호에서 볼 수 있듯이, 스포츠에서의 성취는 일시적으로 사회 성원 내부의 차이를 잠재우고 모두가 공통의 관심사에 몰두하도록 만드는 훌륭한 계기가 될 수 있다. 물론 이와 같이 스포츠를 통해 얻어지는 합의는 감성적 형태를 띠기 때문에 이성적인 합의와 달리 지속성이 떨어질 수밖에 없다. 그러나 일단 스포츠를 통해 감성적인 합의의 장이 마련되면 이성적 합의를 이룰 수 있는 좀 더 나은 기반이 구축된다는 점 또한 부정할 수 없다. 최악의 경우 이성적 합의가 불가능한 사회에서는 스포츠를 통한 감성적 합의만으로도 사회적 균열의 위험성을 낮출 수 있다. 과거 동구권 국가나 우리나라의 체육 정책에서 볼 수 있듯이 스포츠를 통한 성취는 체제의 효율성을 보여주는 하나의 상징이나 지표로 선전되며, 이런 논리가 지닌 비합리적 요소에도 불구하고 국민을 설득하는 데 어느 정도 힘을 발휘한다.[47]

이제 공급자의 관점에서 스포츠의 인기를 파악할 때 고려해볼 수 있는 또 다른 측면으로 산업의 요구에 대해 살펴보자. 현대 사회에서 스포츠는 하나의 거대한 산업으로 형성되고 있으며 스포츠를 산업적으로 이용하고자 하는 요구 역시 더욱 커져가고 있다. 산업은 왜 스포츠에 관심을 갖는 것일까? 이를 이해하기 위해서는 현대 자본주의 사회의 변화에 대해 살펴볼 필요가 있다.

자본주의 체제가 안정적으로 생존해 나가려면 끊임없이 자본을 투자하고 이윤을 창출해내야 한다. 그런데 일반적으로 특정 산업의 이윤율, 즉 투자한 자본의 크기에 비해 본 이윤의 크기는 시간이 지날수록 점차 하락하는 경향이 있다. 어떤 산업의 수익이 높으면 이를 노리고 여기저기서 많은 자본이 투자됨으로써 경쟁이 치열해지기 때문이다.

이런 상황에서 수익을 유지하기 위해 취할 수 있는 방법으로는 대략 두 가지를 꼽아볼 수 있다. 하나는 새로운 기술을 개발하여 경쟁자들이 만들지 않은 새로운 상품을 만들거나 생산 방법의 혁신과 노동 생산성의 증진 등을 통해 동일한 상품을 경쟁자보다 더 싸게 만들어내는 방법이다. 다른 하나는 아직 경쟁자들이 투자하지 않은 새로운 영역을 찾아 투자하는 것이다. 전자의 과정에서 끊임없는 기술 개발 경쟁이 나타나며 후자의 결과 전에는 상품으로 취급되지 않던 다양한 영역들이 새롭게 상품의 영역으로 변화한다. 하루가 다르게 새로운 모델의 컴퓨터나 텔레비전이 쏟아져 나오는 것이 전자의 결과라면, 파출부나 운동화 세탁업, 출장 요리업과 같이 과거에 개인이 담당하던 가사 영역의 일까지 산업으로 발전하는 것이 후자의 결과다.

스포츠가 대중적인 인기를 얻으며 급격하게 성장한 1970년대는 미국을 위시한 선진 자본주의 국가들의 경제가 심각한 위기에 처해 있던 시기였다. 오일 쇼크 등에 의해 자원 위기가 발생한 데다 중화학 공업 등 전통 제조업에서 이윤율이 하락하고 생산성이 저하된 것 등이 위기를 부추긴 요인이었다. 따라서 각국은 위기를 극복할 다양한 방안을 모색하게 되었는데, 그중 하나가 지금 우리가 경험하고 있는 이른바 정보 혁명이다. 정보 기술을 이용해 기존 산업의 생산성을 향상시키고 컴퓨터 산업과 정보 서비스 산업 등의 새로운 산업을 만들어낸 것이다.

스포츠를 비롯한 오락 산업의 급속한 팽창도 같은 맥락에서 이해될 수 있다. 영화와 텔레비전을 비롯한 전통적인 오락 산업과 더불어 테마공원, 스포츠 산업과 같은 새로운 영역들이 급속도로 확대되기 시작했다. 프로 스포츠의 역사가 오래된 서구 사회에서도 프로 스포츠가 새로운 산업으로 급격하게 성장한 시기는 대개 1970년대부터다. 1950년대부터 대중화된 텔레비전이 시청률을 높이기 위해 막대한 규모의 중계권료를 지불하며 프로 스포츠를 유혹하기 시작했고, 그 과정에서 프로 스포츠의 산업적 가능성이 널리 인식되기 시작한 것이다.[48] 이처럼 스포츠 산업이 대안적인 이윤 창출의 창구가 되면서 이를 적극적으로 활용하기 위해 산업은 열성적으로 스포츠에 대한 열광을 부추겼다.

현재 스포츠 산업의 크기는 나라별로 차이가 많지만 일반적으로 서구 선진국들의 경우 대략 GDP(국내 총생산)의 2∼3퍼센트 수준이다. 특히 스포츠 산업에서 특기할 점은 그 발전 속도가 매우 빠르다는 것이다. 미국의 경우 스포츠 산업은 1987년 GDP의 1.1퍼센트 정도를 차지해 전체 산업 중 23번째로 큰 규모였지만 10년도 지나지 않은 1995년에는 GDP의 2퍼센트를 차지해 전체 산업 중 11번째로 큰 규모의 산업이 되었다.[49] 이처럼 스포츠의 빠른 성장은 스포츠 산업의 수익률이 높기 때문에 자본 투자가 빠르게 이루어지고 있음을 보여준다. 역으로 산업의 이런 투자는 스포츠 관련 상품의 공급을 크게 확대시킴으로써 국민들의 전반적인 수요를 확대시키는 데도 공헌한다. 현대인이 열광적으로 스포츠를 즐기게 된 데에는 더 많은 스포츠를 끊임없이 제공해줌으로써 그들의 소비를 부추긴 산업의 역할도 적지 않았다는 것이다.

한편 수요와 공급이 서로 맞물리는 지점도 있다. 스포츠에 대한 공급이 확대됨으로써 그에 대한 사회적 수요가 확대될수록 스포츠 활동의 기회도 증가하기 때문이다. 스포츠 활동의 기회가 확대됨에 따라 보는 스포츠의 인기도 그만큼 높아졌다. 흔히 경험할 수 있듯이 평소 잘하거나 즐기는 스포츠일수록 더 많은 관심을 기울이게 되는 법이다. 마찬가지로 보는 스포츠와 하는 스포츠 사이에는 밀접한 관계가 있기 때문에, 하는 스포츠를 즐기는 사람일수록 보는 스포츠에도 더 많이 참여하는 경향을 보인다. 그리고 이처럼 보는 스포츠가 발전하여 수준 높은 볼거리에 대한 수요가 높아지면 전문적인 스포츠 선수들의 몸값도 그만큼 높아진다. 유명 스포츠 선수가 이른바 스타가 되어 사회적으로 성공한 사람들의 반열에 올라서는 것이다. 이는 스포츠를 통한 사회 이동, 즉 자신의 계층을 바꿀 수 있는 기회를 제공해주며 사회 이동의 가능성이 제한되어 있는 하층 계급에게 효과적인 사회 이동의 길로 인식된다.

사실 공부를 잘하려면 환경의 도움이 많이 필요하다. 당연히 부유층의 자녀일수록 그런 환경을 더 쉽게 제공받을 수 있다. 그래서 어떤 사람의 교육 수준이나 학교 성적은 집안의 경제 형편과 밀접한 관련을 갖게 마련이다. 말하자면 하층 계급 출신 청소년들의 입장에서 볼 때 공부를 통한 성공의 길은 여러 가지 면에서 장애물이 많은 길이라는 것이다.

반면 일부 종목을 제외하면 스포츠 영역에는 상대적으로 그런 진입 장벽이 적은 편이다. 가난한 집안 출신이라도 신체 조건만 타고난다면 쉽게 성공을 거둘 수 있다. 게다가 스포츠 이외에도 여러 가지 선택의 여지를 가지고 있는 부유층 자녀들은 굳이 고통스러운 준비 과정을 거쳐야 하는 스포츠에 많은 투자를 하려 하지 않을 것이다. 상당수의 스포츠 종목에서 '헝그리 정신'으로 무장한 가난한 집안 출신의 선수들이 큰 성공을 거두는 이유가 여기에 있다.[50] 이들의 성공은 체제의 개방성, 즉 누구든지 열심히 노력하면 성공할 수 있다는 점을 다른 사회 성원들에게 과시하면서 체제의 정당성을 강화하는 계기로 작용할 수도 있다.

결국 공급자의 맥락에서 보더라도 스포츠는 선진 사회에서 더 많은 인기를 누릴 수밖에 없다. 스포츠가 사회 통제의 수단이라는 측면에서 볼 때 스포츠는 무자비한 폭력에 비해 좀 더 세련된 통제 수단이 될 수 있으며, 이러한 측면에서 미국의 미디어 학자 포스트먼Neil Postman의 표현을 빌리자면 올더스 헉슬리의 소설 《멋진 신세계Brave New World》가 묘사하는 사회처럼 "쾌락에 의한 지배"를 추구하는 선진 사회에 더 잘 부합될 수 있기 때문이다. 마찬가지로 스포츠 산업의 발전은 상당한 정도의 경제 규모를 전제하기 때문에 역시 선진 사회와 더욱 잘 어울린다고 할 수 있다.

제 2 장

스포츠는
의미로
가득 차
있다

1장의 논의에서 확인한 바대로 현대 스포츠는 결코 순수하지 않으며 실상 그 시초에서부터 한 번도 순수해본 적이 없다. 이는 스포츠가 스포츠 외적인 다양한 의미와 밀접하게 연관되어 있음을 시사한다. 그렇다면 어떤 의미들과 연관되어 있을까? 이 장에서는 스포츠의 사회적 의미에 영향을 미치는 다양한 영역들 가운데 대표적인 몇 가지를 골라 이들 영역이 스포츠와 어떤 식으로 관계 맺고 있는지 살펴보기로 한다.

1. 스포츠와 돈

　　초기 현대 스포츠가 가장 거리를 두려 애썼던 영역이 있다면 그것은 바로 돈이었다. 올림픽의 창시자 쿠베르탱Pierre de Coubertin이 가슴에 품고 있었으며 아직도 스포츠 활동의 이상으로 널리 받아들여지고 있는 아마추어리즘이 그런 노력을 표상했다. 하지만 이런 노력에도 불구하고 현대 스포츠와 돈의 관계는 갈수록 밀접해지고 있다. 프로 스포츠의 발전, 스포츠의 상업화가 그 주요 배경 중 하나다. 그러나 그것만이 다는 아니다. 현대 스포츠가 발전할수록 스포츠와 돈이 관련되는 영역이 점점 늘어나고 있어 이제는 돈을 빼놓고 현대 스포츠를 이야기하기란 거의 불가능할 정도다.

하그리브스는 스포츠와 돈이 연결되는 네 가지 주요 고리를 지적한다.[51] 우선 많은 스포츠 행위들은 이윤 극대화를 추구하는 하나의 사업으로 조직된다. 여기서는 더 많은 돈을 축적하기 위해 투자가 이루어진다. 프로 권투, 경마, 자동차 경주 등에서 이런 예를 확인할 수 있다. 두 번째 고리는 특별히 돈을 축적하려는 목적이 있는 것은 아니지만 어느 정도 수지 균형을 맞춰 재정적인 독립성을 유지하려는 활동이다. 고도로 상업화되어 있기는 하지만 상당수의 조직 스포츠가 여기에 해당한다. 세 번째로 스포츠 활동이 간접적으로 자본 축적에 도움이 되는 사례가 있다. 예를 들어 스포츠 용구나 옷, 신발 등 스포츠 활동과 관련된 재화나 서비스를 제공하는 부분이 여기에 해당한다. 마지막으로 스포츠 그 자체가 간접적으로 자본 축적에 도움이 되는 사례가 있다. 스포츠 활동과 무관한 회사가 스포츠 활동의 스폰서가 되거나 스포츠 중계 때 광고를 내보냄으로써 스포츠를 상품 판매에 이용하는 것 등이 이에 해당한다.

　이외에도 스포츠와 돈이 연결되는 다양한 양식들이 존재한다. 우선 많은 스포츠가 준비 과정에서 투자를 필요로 한다. 요트 경기의 최고봉으로 일컬어지는 아메리카 컵America's Cup 대회를 예로 들어보자. 1851년 영국에서 개최된 만국 박람회를 기념하고 당시 세계 최고의 전통을 자랑하는 로열 요트 클럽이 항해 기술을 뽐내기 위해 만든 이 대회는 외견상 참가자들의 요트 조종 실력을 겨루는 대회다. 하지만 궁극적으로 이 대회의 승자를 결정하는 것은 배의 성능이다. 경기에서 승리할 수 있도록 배의 성능을 향상시키기 위해 해양 선진국들은 요트의 건조 과정에 엄청난 돈과 기술을 집약시킨다. 2003년 대회 결승에 진출해 전 해 우승 팀인 뉴질랜드의 '팀뉴질랜드'와 맞붙어 우승을 차지한 스위스의 '알링기 스위스 챌린지' 팀의 추정 예산은 5,500만 달러(약 700억 원)에 이르며 이들의 도전을 받아들인 '팀뉴질랜드'의 예산도 대략 4,000만 달러에 이르렀다. 아메리카 컵 대회 도전자를 가리는 루이뷔통 컵Louis Vuitton Cup 결승에서 알링기 팀과 맞붙었던 미국의 오러클 BMW 팀은 그 대회에 가장 많은 돈을 쏟아 부은 팀으로서 이 팀의 예산은 대략 9,500만 달러(약 1,140억 원)에 달할 정도다.

　정도의 차이는 있지만 다른 종목에서도 좀 더 향상된 스포츠 용구를 개발하려는 노력이 치열하게 벌어진다. 4년마다 개최되는 올림픽은 발전된 스포츠 용구를 전시하는 장이기도 하다. 기록을 향상시키는 데 도움이 되는 운동복과 운동화, 테니스 라켓, 골프 클럽, 사이클 등이 끊임없이 새롭게 연구되고 개발된다. 부상을 방지하는 데 도움을 주는 보호 용구도 마찬가지다. 이런 투자를 앞장서서 이끌어가는 주체는 스포츠 용품 제조업체들이지만 선수들도 그런 흐름에 적극적으로 몸을 맡긴다. 우수한 용품을 이용해 좋은 성적을 올리면 유명 인사가 되어 엄청난 돈을 벌 수 있기 때문이다. 2003년 3월에 개최된 동아 마라톤 대회에서 코오롱 소속의 지영준 선수는 특수 제작된 마라톤화를 착용한 덕분에 자신의 최고 기록을 1분 5초 앞당긴 2시간 8분 43초의 기록을 달성할 수 있었다. 이 마라톤화는 이전까지 신발의 무게를 줄이는 데만 초점을 맞추던 것에서 벗어나 신발의 밑창 무늬를 바꿈으로써 좀 더 효율적으로 발차기를 할 수 있게 했다.[52]

흔히 운동 선수와 돈의 연결은 프로 선수들에게만 해당되는 것이라 여기기 쉽다. 하지만 아마추어를 표방하고 있는 분야에서도 더 이상 돈에 물들어 있지 않은 분야를 찾기란 거의 불가능하다. 아마추어에서 돈과 선수가 연결되는 몇 가지 방식을 생각해보자. 먼저 아마추어 스포츠의 대명사로 일컬어지는 학교 스포츠에서도 우수 선수들은 장학금과 같은 물질적 혜택을 받는다. 겉으로 드러난 사례는 많지 않지만 국내 대학 운동부들이 인기 종목의 유망 고졸 선수를 스카우

트하기 위해 상당액의 물질적 보상을 제공한다는 사실은 이미 공공연하게 알려져 있다. 또한 고등학교나 대학 운동부 선수 가운데 다수는 장차 프로 선수가 되어 더 많은 연봉을 받고자 한다. 이들에게 학교 스포츠는 순수한 취미 활동이나 재미를 위한 것이 아니라 미래를 위한 직업 훈련의 의미를 갖는 것이다. 육상을 비롯해 공식적으로 프로 선수가 존재하지 않는 일부 종목에서는 유명 선수들에게 대회 참가비나 상금 명목의 돈을 지급한다. 세계적으로 이름이 알려져 있는 유명 육상 선수들의 경우 대회 참가비만 10만 달러에 이르며 주요 마라톤 대회의 우승 상금은 대개 20만 달러 정도에 이른다. 여기에 신기록을 수립하면 특별 상금이 추가된다. 우수한 성적을 올린 선수는 경기 활동을 통해 직접 돈을 지급받지 않더라도 광고 출연 등 부가 활동을 통해 수입을 올릴 수 있다. 유명세를 이용해 다양한 행사에 참여함으로써 참가비를 챙길 수도 있다. 이외에도 스포츠 용품을 무료로 공급받는다든지 용품의 사용에 대해 보상을 받는 것도 선수들이 스포츠 활동을 통해 수입을 얻을 수 있는 대표적인 방법들이다.

스포츠에 몰리는 돈은 대중에게 인기가 높은 종목에 치우치게 마련이지만 비인기 종목의 선수들이라고 돈을 벌 수 있는 기회를 전혀 얻지 못하는 것은 아니다. 인기 종목의 선수에 비해 비인기 종목의 선수가 받는 돈은 훨씬 적지만 비인기 종목은 그만큼 경쟁이 치열하지 않다는 장점이 있다. 올림픽에서 딴 금메달은 비인기 종목의 선수가 돈과 접촉할 수 있는 대표적인 통로가 된다. 태릉선수촌에서 일년 내내 훈련에 몰두하는 국가 대표 선수들의 최종 목표는 올림픽에서 금메달을 획득하는 것이다. 1984년 LA 올림픽 이후 올림픽 금메달을 많이 따게 되면서 포상금 액수가 점차 줄어들기는 했지만 여전히 올림픽에서 금메달을 따면 연금과 포상금 등으로 어느 정도 생활의 기반을 다질 여지가 생긴다. 또한 금메달을 따면 은퇴한 후에도 코치로 일하거나 기타 행정직에서 근무할 수 있는 가능성이 높아진다. 이렇게 본다면 어려운 환경 속에서 훈련에만 힘을 쏟은 많은 선수들이 금메달을 딴 직후 감격의 눈물을 흘리는 것이 단지 경쟁에서의 승리가 가져다주는 순수한 기쁨 때문만은 아닐 것이다.

이처럼 우수한 성적이 돈과 직결되다 보니 선수들은 성적을 향상시키기 위해 세심한 노력을 기울이게 된다. 더 나은 스포츠 용품의 선택이 이를 위한 한 가지 수단이라면 훈련 과정의 과학화는 또 다른 수단이다. 스포츠 세계에서 경쟁이 치열해지면서 과거처럼 주먹구구식으로만 훈련을 해서는 더 이상 뛰어난 성적을 올릴 수 없게 되었다. 그런데 이처럼 훈련 과정을 과학화하는 데도 투자가 필수적이다. 아프리카 고지대에 있는 케냐 출신의 장거리 선수들이 각종 대회에서 뛰어난 성적을 올린 뒤부터 고지대 전지훈련은 이제 장거리 육상 선수들에게 필수 과정이 되었다. 고지에서 훈련을 하면 고지대의 희박한 산소량에 적응하기 위해 선수들의 혈액 속에 있는 헤모글로빈의 양이 늘어난다. 늘어난 헤모글로빈 양은 평지에 내려온 후에도 어느 정도 지속되어 선수들의 산소 흡입을 쉽게 해주고 피로를 빨리 회복시킴으로써 기록 향상에 도움을 준다. 마라톤 선수들이 시합을 앞두고 고지대로 전지훈련을 가는 것은 이런 이점을 누리기 위해서다. 또한 지난 월드컵이 끝난 뒤 널리 알려졌듯이 체력을 향상시키기 위해서는 별도의 트레이너가 있어야 한다. 그저 열심히 뛰고 차는 것만으로는 과학적인 체력 훈련을 받은 사람들을 도저히 이길 수 없기 때문이다.

준비 과정의 과학화가 부각되면서 스포츠가 발전할수록 선수 못지않게 코치를 비롯한 보조 요원들의 역할이 중요해졌다. 우리나라에서 구기 종목 가운데 가장 먼저 프로화된 야구를 예로 들어보자. 각 구단에는 감독이 있어 준비 과정 전체를 총괄한다. 이외에도 분야별로 특화된 코치들이 있다. 투수 코치와 타격 코치에다 배터리 코치, 내야 코치, 외야 코치, 주루 코치 등 팀별로 11~14명의 코치들이 팀을 이뤄 감독을 보좌한다. 여기에 전문 트레이너와 마사지사, 주치의를 비롯해 구단 사무진들도 가세한다.

이처럼 스포츠의 규모가 확대되면서 스포츠는 그 자체가 하나의 거대한 사업이 되었다. 프로 스포츠 팀을 꾸려 가려면 선수들의 연봉을 제외하더라도 수많은 코치와 보조 요원을 고용할 수 있는 엄청난 자금이 필요하다. 2002년 한국 시리즈에서 우승한 삼성 라이온스 팀의 경우 선수들의 연봉만 40억 원이 넘는 돈을 지출하게 될 것으로 예상되었으며, 프로 야구 구단 하나를 운영하는 데는 연간 최소 100억에서 200억 가까운 돈이 투입된다.[53] 미국 프로 야구에서 가장 부유한 구단으로 일컬어지는 뉴욕 양키스 팀의 2003년 샐러리캡, 즉 팀 전체 연봉의 상한액은 5,500만 달러로 우리 돈으로 660억 원에 달한다. 결국 대기업이 아니면 감히 프로 야구 팀 같은 인기 종목의 프로 팀을 운영할 엄두를 내지 못하게 되는 것이다. 단순히 새로운 구단을 만들기 위해서도 수백억 원의 가입비를 내야 하는 것이 현실이다. 이런 투자에 대한 반대급부로 구단은 관중들의 입장 수입, 중계권료, 구단 셔츠나 모자 판매 등과 같은 기타 부대사업을 통해 이윤을 낸다. 높은 중계권료 덕분에 전체 구단 중 절반 이상이 흑자를 내고 있는 미국의 프로 구단들에 비해 관중들의 입장 수입에 대부분의 수입을 의존하고 있는 우리 프로 구단들은 모두 적자에 허덕이고 있긴 하지만 모(母)기업에 대한 홍보 가치가 그런 부담을 상쇄한다.[54]

스포츠와 돈 사이의 연결이 현대 스포츠의 대세가 되면서 돈과 가장 거리가 멀 것이라 상정되는 올림픽조차 돈의 영향을 더 이상 피할 수 없게 되었다. 1976년 몬트리올 올림픽에서 엄청난 적자가 기록된 후 재정의 독립을 당면 과제로 삼았던 국제 올림픽 위원회는 사마란치 전(前) 회장의 지휘 아래 올림픽을 수익 사업화 하는 방안을 광범위하게 모색했다. 그중 가장 대표적인 것이 올림픽의 텔레비전 중계권료다. 올림픽 중계권료는 올림픽 텔레비전 중계가 최초로 이루어진 1956년 멜버른 올림픽에서 생겨났으나 당시에는 미국과 유럽의 주요 방송사들이 이를 보이콧하여 실제 수입은 아주 미미했다. 올림픽 중계권료는 각국의 방송 시장 규모와 경제 발전의 정도에 따라 차등을 두어 책정되는데, 가장 중요한 계약은 역시 전체 중계권료 수입의 50~75퍼센트 수준을 차지하는 미국 방송사와의 계약이다. 1960년 로마 대회에서 겨우 60만 달러에 불과했던 미국 방송사의 중계권료는 역사상 가장 상업적인 올림픽으로 불렸던 1984년 LA 올림픽에서 2억 2,500만 달러로 상승했으며 가장 최근 대회인 2000년 시드니 올림픽에서는 7억 500만 달러로 뛰어올랐다.[55] 2008년까지 미국의 올림픽 중계권은 NBC 방송사가 독점하고 있는데, NBC는 2004년 올림픽에 7억 9,300만 달러, 2008년 올림픽에는 8억 9,400만 달러의 중계권료를 지불하기로 계약했다. 이처럼 중계권료가 폭등함에 따라 1960년에 올림픽 개최 비용의 400분의 1에 불과했던 중계권료가 1984년에는 2분의 1 수준까지 확대되었다.

중계권료 외에도 IOC(국제 올림픽 위원회, International Olympic Committee)는 1982년에 마련된 올림픽 프로그램The Olympic Program을 주요 수입원으로 삼고 있다. 이 프로그램에 따라 IOC는 국제 마케팅 대행사인 ISL(International Sports and Leisure) 사를 통해 코카콜라와 비자카드, 삼성 등의 세계적인 대기업들과 후원 계약을 맺는다. 1992년 바르셀로나 올림픽에서 이 후원 계약으로 IOC에 들어온 돈은 모두 1억 2,000만 달러에 이르렀다. 이들 공식 후원 업체 외에도 올림픽 공식 휘장 사용 업체가 오륜 마크 등을 제품 포장에 사용하면서 내는 비용이 IOC의 추가 수입이 된다.

이처럼 돈과 현대 스포츠가 긴밀히 연계되면서 현대 스포츠의 형태는 다양한 방식으로 변화되어왔다. 프로 스포츠의 경우 구단 수입은 관객 수와 직접적인 관계를 가진다. 따라서 더 많은 관객을 동원할 수 있도록 다양한 시도가 이루어진다. 프로 농구의 공격 제한 시간인 24초 규칙은 더 빠른 공격을 유도함으로써 관객의 흥미를 높이는 수단으로 마련된 것이다. 테니스의 경우에는 샘프라스처럼 강한 서브를 넣는 선수들이 상대 선수를 너무 쉽게 이겨 관객들의 흥미가 감소하자 공의 압력을 줄여 서브의 강도를 줄이는 수단을 채택했다. 축구에서는 공격 축구를 유도하기 위해 골키퍼가 백 패스된 공을 손으로 잡을 수 없도록 하는 규정을 새로 만들었다. 야구에서도 시합 시간이 자꾸만 늘어나는 것을 막기 위해 투수의 투구 준비 시간을 줄이고 타자가 '타임'을 부를 수 있는 기회를 축소하는 등 다양한 시도를 하고 있다. 나아가 각종 종목의 여성 선수 복장은 관객의 다수를 이루는 남성들의 눈을 만족시킬 수 있도록 디자인된다.

프로 스포츠의 수입원이 관객의 입장 수입에서 대중 매체의 중계권료 등으로 다양화되면서 텔레비전 중계에 적합하도록 경기 방식을 바꾸는 현상도 쉽게 찾아볼 수 있다. 미국의 프로 스포츠 중 가장 많은 중계권료를 지불받는 NFL(내셔널 풋볼 리그, National Football League)의 경우 2005년까지 지속되는 계약에서 8년 동안 176억 달러를 벌어들일 것으로 추정된다. 방송사들은 경기를 중계하는 동안 광고를 내보내 이 돈을 충당하는데, 평균 시청률 40퍼센트 이상을 차지해 단일 경기로는 가장 많은 시청자를 확보하고 있는 프로 미식축구 챔피언전 '슈퍼볼'의 경우 1분당 광고료만 300만 달러를 넘을 만큼 광고주들에게서 엄청난 인기를 누리고 있다. 따라서 방송사들은 광고 시간을 조금이라도 늘리기 위해 스포츠의 경기 방식을 바꾸도록 압력을 넣는다. 그 결과 미국의 프로 스포츠에서 텔레비전 중계 시간에 맞춰 경기 시작 시간을 조정하는 것은 이야깃거리도 안 될 만큼 아주 자연스러운 일이다. 가장 인기가 높은 스포츠인 미식축구에서는 잔여 시합 시간이 2분 남았을 때 시합을 중지시키고 작전 시간을 부여함으로써(2 minute warning) 그동안 텔레비전 방송이 광고를 삽입할 수 있도록 한다. 농구 경기에서도 감독들은 별다른 일이 없어도 방송사의 요구에 따라 작전 시간을 요청해야 한다.

미국 사회에서 축구 경기의 인기가 그다지 높지 않은 이유 중 하나가 하프 타임을 제외하면 쉬는 시간이 없어 광고 방송 삽입이 어려워 방송사들이 중계를 꺼리기 때문이라는 점은 이미 잘 알려져 있다. 이런 한계를 극복하기 위해 최근에는 축구 시합을 전·후반제가 아니라 프로 농구나 미식축구처럼 쿼터제로 하자는 제안이 나오기도 했다. 또한 과거 술집에서 남성들이 즐기는 여흥이었던 당구와 다트 경기는 텔레비전 중계를 위해 선수와 관객들의 음주와 흡연을 금지하는 정책을 마련했다. 오스트레일리아에서는 며칠에 걸쳐 지속되는 전통적인 크리켓 경기를 텔레비전 중계가 쉽도록 하기 위해 하루 만에 끝나는 경기로 바꾸어버렸다. 공을 용이하게 식별하게 하고 화려한 느낌을 주기 위해 각종 구기 종목에서 색깔 있는 공을 사용하는 것은 수용자의 입맛에 맞춰 스포츠의 형식을 바꾼 아주 사소한 사례에 불과할 뿐이다.

대중 매체는 수용자들의 관심을 끌기 위해 스타를 만드는 데도 적극적으로 관여한다. 예를 들어 NBA의 중계에서 팀 간의 대결이 흔히 간판 선수 간의 대결로 압축되어 광고되는 것을 볼 수 있다. 말하자면 LA 레이커스와 워싱턴 위저즈의 경기가 샤킬 오닐과 마이클 조던의 경기로 선전되는 것이다. 이처럼 스타에 집중하는 것은 스타를 만들어냄으로써 대중의 동일시를 유도하기가 훨씬 용이해지고 풍부한 이야깃거리를 만들어낼 수 있기 때문이다. 그 결과 대중 매체는 간접적으로 스타 선수의 몸값을 높이는 데 기여하게 되며 수용자로 하여금 스타에 초점을 맞춰 경기를 관람하도록 부추긴다. 특히 1970년대까지 침체에 허덕이던 NBA가 1980년대 이후 래리 버드와 매직 존슨의 라이벌전을 의식적으로 널리 유포하고 마이클 조던을 스타로 키워내 리그의 인기를 높이는 데 크게 성공한 것은 유명한 사례다. 최근 들어 스타 선수의 부재로 NBA의 인기가 점차 하락하자 중국 국가 대표 선수 출신의 야오밍을 끌어들여 스타로 키우고자 노력하는 것도 이런 맥락에서 이해될 수 있다. 결국 팀 스포츠에서도 대다수의 일반 수용자들은 특정 스타 선수를 중심으로 경기를 경험하게 된다.

2. 스포츠와 정치

현대 스포츠는 돈뿐만 아니라 정치와도 거리를 두려 애써왔다. 하지만 이 부문에서도 스포츠의 시도는 그다지 성공을 거두지 못했다. 스포츠를 이용하고자 하는 정치의 유혹이 워낙 컸기 때문이다.

스포츠가 정치적 목적에 종속된 대표적인 사례로 흔히

1936년 베를린 올림픽을 든다. 베를린 올림픽은 히틀러가 아리안 민족과 독일 제3제국 체제의 우수성을 전 세계에 과시하기 위해 철저한 계획 아래 마련한 대회였는데 상당한 성공을 거둔 것으로 평가된다. 원래 올림픽은 월드컵과 달리 국가간의 대결을 지향하지 않는 국제 대회다. 올림픽 명칭을 붙일 때 주최 국가의 명칭 대신 '서울 올림픽'처럼 주최 도시의 이름을 붙이고 공식적으로는 국가별 메달 순위 집계도 하지 않는 이유가 바로 여기에 있다. 이는 다양한 정치 이데올로기를 지닌 국가들을 건전한 경쟁의 정신 속에 함께 묶기 위해 올림픽을 이른바 가교로 삼고자 했던 쿠베르탱의 이념을 반영한 것이었다.[56]

하지만 이런 노력도 올림픽을 국가의 선전 무대로 삼으려는 시도를 막아내기에는 역부족이었다. 베를린 올림픽 이후 각국은 올림픽을 국가 선전의 장으로 삼기 위한 노력을 적극적으로 전개한다. 1964년 도쿄 올림픽과 1968년 멕시코 올림픽, 1988년 서울 올림픽 등 개발도상국에서 개최된 올림픽은 모두 국가 선전의 장으로 적극 활용된 대회였다. 2008년에 개최될 예정인 베이징 올림픽 역시 천안문 사태 이후 실추되었던 중국 체제의 이미지를 대외적으로 과시하는 장이 될 것이라는 데는 의심의 여지가 없다. 올림픽의 저변 확대를 위해 의도적으로 제3세계 국가의 참여를 장려하는 한 이런 추세는 앞으로도 계속 이어질 것이다.

덧붙여 올림픽은 대외적인 과시용 목적 외에도 대내적인 목적에 봉사한다. 서울 올림픽이 당시 전두환 독재 정권이 국민의 관심을 정치에서 스포츠로 돌리기 위해 유치한 대회였다면 1992년 바르셀로나 올림픽은 스페인 내부의 민족 갈등을 치유하려는 목적이 강했던 대회였다. 2008년 베이징 대회 역시 앞서 얘기한 대외적 목적과 함께 대내적으로는 체제 안정성의 과시를 주요 목표로 삼을 것이다.

올림픽이 정치적 행사의 의미를 강하게 지니게 되면서 그 의미를 적극적으로 전유하려는 다른 시도들도 활발하게 펼쳐졌다. 정치적 목적을 달성하기 위한 대회 참여 거부, 즉 보이콧과 특정 국가의 올림픽 참여를 불허하는 것이 대표적이다. 이미 1948년 런던 올림픽에서는 독일과 이탈리아, 일본 등 2차 세계대전 패전국들의 참여를 불허했으며, 1964년에는 남아프리카공화국이 올림픽 대회 참여를 불허당했다. 다른 아프리카 국가들이 인종 차별 정책을 펼치는 남아프리카 공화국을 참여시킨다면 대회에 참여하지 않겠다고 했기 때문이다. 결국 남아프리카공화국은 1970년 이후 올림픽 대회에서 축출당하는 수모를 겪어야 했다. 또 네덜란드, 이집트, 이라크, 스페인 등이 영국과 프랑스의 수에즈 운하 침략에 항의하며 1956년 멜버른 올림픽 참여를 거부했으며, 구(舊) 소련 체제를 선전하려는 목적으로 개최된 1980년 모스크바 올림픽에는 소련의 아프가니스탄 침공을 구실로 미국과 우리나라를 비롯해 서방 국가들이 참여하지 않았다. 이에 대한 보복으로 1984년 LA 올림픽에는 거꾸로 소련과 동구권 국가들이 불참을 선언했다. 서울 올림픽에는 쿠바와 북한이 남북 공동 개최가 성사되지 않은 것을 구실로 참여하지 않았다.

스포츠를 정치적으로 이용하려는 시도가 국가 차원에서만 이루어졌던 것은 아니다. 1972년 뮌헨 올림픽에서는 팔레스타인의 무장 게릴라 '검은 9월단'이 체포된 동료 게릴라들의 석방을 요구하며 이스라엘 선수단을 상대로 인질극을 벌인 적이 있다. 이 사건은 결국 총격전 끝에 11명의 이스라엘 선수단이 살해되고 무장 게릴라들이 모두 사살되는 것으로 종결되었는데 올림픽 역사상 가장 비극적인 사건으로 기록되고 있다. 또한 1968년 멕시코 올림픽에서는 육상 단거리에 출전한 미국의 흑인 선수인 토미 스미스와 존 카를로스가 미국 사회의 인종 차별에 항의해 시상식에서 미국 국기와 국가에 대한 저항의 몸짓을 연출해 화제가 되기도 했다. 가장 최근에는 2003년 미국의 이라크 침공 기도에 반대해 미국 맨해튼빌 칼리지Manhattanville College의 여자 농구 선수인 토니 스미스가 경기 전 미국 국가가 울려 퍼질 때 저항의 표시로 고개를 숙여 대중 매체의 주목을 받았다.[57]

스포츠를 정치적으로 이용하는 사례가 이처럼 빈번하게 발생하는 것은 현대 사회에서 스포츠가 차지하고 있는 사회적 위상 때문이다. 스포츠가 거대한 미디어 이벤트로 변모하면서 주요 스포츠 행사들은 대중 매체의 집중 조명을 받는 몇 안 되는 영역으로 변모했다. 미디어가 급격히 늘어나고 다양화되면서 수용자의 구성도 복합적으로 바뀌었고 이 때문에 특정 프로그램이나 행사가 대중에게 광범위하게 호소력을 가질 수 있는 힘은 그만큼 줄어들었다. 따라서 직접적으로든 간접적으로든 경기장 내에서 정치적 선전을 하는 것이 다른 방법을 취할 때보다 대중에게 영향을 미칠 가능성이 훨씬 더 크다. 특히 평소에도 대중 매체에 접근하기가 비교적 쉬운 권력 집단에 비해 그런 혜택을 누리기가 어려운 소외 집단에게는 스포츠 경기장이야말로 자신들의 메시지를 효과적으로 전달할 수 있는 좋은 장소다. 이런 이유 때문에 정치적 개입을 배제하려는 스포츠계의 노력에도 불구하고 스포츠가 정치와 완전히 단절될 가능성은 그리 높지 않다.

스포츠와 정치가 연결되는 좀 더 미묘한 영역으로는 스포츠가 정치적·사회적 통제의 훌륭한 수단이 된다는 점을 빼놓을 수 없다. 스포츠는 이미 고대 로마 시대부터 정치적 억압에 대한 불만을 해소할 배출구 역할을 수행해왔으며, 앞서 살펴보았듯이 현대 스포츠가 발전하면서 영국에서는 퍼블릭 스쿨 학생들의 방종을 억제하는 수단으로 작용했다. 그런데 스포츠의 이러한 역할이 억압적인 체제가 지배하던 과거의 유물만은 아니다. 스포츠는 정치적 민주화가 진척된 현대 사회에서도 여전히 사회 통제의 기능을 수행하고 있다.

먼저 스포츠가 정치적 무관심을 고취하는 훌륭한 수단으로 사용되고 있다는 평가가 있다. 스포츠는 지배층이 피지배층을 만족시켜줌으로써 저항의 의지를 말살하는 두 가지 수단, 즉 빵과 서커스 가운데 서커스에 해당된다. 여러 선진 사회는 조지 오웰의 소설《1984년*Nineteen Eighty-four*》에 등장하는 첨단 감시 사회일 뿐 아니라 동시에 올더스 헉슬리식의 사회, 즉 즐거움을 주어 정치적 무관심을 조장하는 사회이기도 하다. 박진감 넘치는 스포츠 활동에 넋을 빼앗긴 사람들은 골치 아픈 정치적 문제들을 잊어버리고 스포츠 활동의 재미에만 탐닉한다. 그럼으로써 지배층은 피지배 계층에게 아무런 도전을 받지 않은 채 권력 독점을 유지해나갈 수 있다.

스포츠가 정치적 불만을 다른 곳으로 돌리는 역할을 할 때도 있다. 스포츠를 통해 허구적인 외부의 적을 만들어 사회 통합을 이루어낸다는 것이다. 남미의 여러 국가에서 축구는 이런 기능을 수행하고 있다. 1970년 멕시코 월드컵을 앞두고 열린 1969년 남미 예선전 결과 때문에 온두라스와 엘살바도르가 벌인 5일간의 축구 전쟁은 이런 기능이 실제로 국가 간의 전쟁으로까지 확대된 사례였다. 이처럼 극단적인 경우는 아니더라도 스포츠가 사회 통합에 미치는 영향은 곳곳에서 확인할 수 있다. 헤어Geoff Hare와 던시Hugh Dauncey는 1998년 프랑스 월드컵에서 프랑스 팀의 우승이 사회에 미친 영향을 분석하면서 1980년대 말 이후 프랑스 축구 팀의 선전이 한 민족으로서 프랑스에 대한 감각을 공고하게 하는 데 크게 기여했다고 분석한다.[58] 마찬가지로 우리 선수들이 중요한 국제 시합에서 승리를 거두었을 때 대통령이 감독이나 선수들에게 직접 전화를 걸거나 축전을 보내는 것은 국민의 관심을 끌기 위해서이기도 하지만 동시에 사회 통합에 기여한 데 대한 감사를 함축하고 있는 것이기도 하다.

스포츠 활동을 장려함으로써 이른바 청소년 비행을 감소시키려는 노력도 활발하게 펼쳐지곤 한다. 19세기 말과 20세기 초에 미국 대도시 빈민가에서 이루어졌던 운동장 설치 운동이 대표적인 사례다. 당시 일군의 자선가들은 별다른 놀이 시설이 없어 거리에서 위험한 놀이를 즐기며 거리 문화에 쉽게 빠져들던 이민자 출신의 빈곤층 자녀들을 교도하기 위해 대도시 빈민 지역 곳곳에 운동장을 설치함으로써 놀이 공간을 제공했다. 이 놀이 시설을 통해 엄격한 중산층의 가치를 주입해 아이들을 도덕적인 존재로 길러내고 미국식 생활양식에 적응시키기 위해서였다. 하지만 운동장 설치를 위한 예산 지원의 주요 근거는 비행의 감소에 의한 교정 비용의 절감이었는데, 이는 예산을 얻기 위한 전술적 고려였다는 측면을 감안하더라도 운동장 설치 운동의 사회적 의미를 잘 보여주는 것이다.[59] 최근에는 흑인 거주 지역에서 스포츠 용품 제조 업체 나이키가 펼치고 있는 농구장 설치 캠페인 등이 그와 비슷한 전통을 이어가고 있다. 이 캠페인도 흑인 청소년의 비행을 억제하고 그들을 건전한 시민으로 길러내겠다는 목적을 전면에 내세우고 있다.

이러한 사례는 1장에서 지적했던, 좀 더 일반적인 수준에서 스포츠가 통제에 공헌하는 측면과 연결된다. 스포츠 활동에 사회 성원을 참여시킴으로써 규율에 순응하고 통제에 잘 따르는 신체를 지닌 사회 성원을 길러낼 수 있다는 것이다. 전체주의 사회에서 스포츠 참여가 엄격하게 강요되는 것은 스포츠 활동이 예비 군인을 양성하는 데 도움이 되기 때문이기도 하지만 순응적인 사회 성원을 길러내어 사회 통합을 달성하는 데도 기여할 수 있기 때문이다. 영국에서 발전한 팀스포츠와 더불어 현대 스포츠의 형성에 영향을 미친 2대 조류 중 하나인 투르넨 운동이 이러한 측면을 잘 보여준다. 투르넨 운동은 원래 나폴레옹의 침략 전쟁에 대항해 독일 민족의 민족주의를 고양하려 시작된 운동이었지만 훗날 나치의 스포츠 정책을 형성하는 데 기반이 되었다. 구한말 일본을 통해 독일식 스포츠 이념을 널리 받아들인 우리도 박정희 정권 시대인 1969년부터 학교 체육을 강화하기 위해 고등학교와 대학 입시에서 체력 검사를 의무적으로 시행했다. 군사 훈련인 교련의 부과와 함께 이뤄진 이러한 정책은 학교 체육을 강화해 순응적인 사회 성원을 만들어내는 데 목적을 둔 것이었다.

스포츠와 사회 통제 사이의 밀접한 연관성 때문에 사회

에 따라 권장하는 스포츠가 조금 달라지기도 한다. 이는 현대 스포츠의 성립기에 스포츠의 대조적인 경향이 나타난 영국과 독일의 차이에 그 기반을 두고 있다. 상대적으로 자유로운 사회였던 영국이 축구와 럭비를 비롯해 팀 스포츠를 권장했던 반면, 독일은 체조와 같은 개인 스포츠를 널리 장려했다. 흥미로운 것은 퍼블릭 스쿨에서 팀 스포츠가 널리 유행했던 영국에서도 피지배층의 자녀들이 다니는 일반 초등학교에서는 1906년까지 군사 훈련과 유사한 체조 수업을 학생들에게 강요했다는 사실이다.[60] 이와 마찬가지로 억압적인 체제가 오랫동안 지속되었던 우리 사회에서도 독재 정권 시절 학교 체육에서 군사 훈련과 유사한 개인 스포츠를 널리 시행한 적이 있다. 지금도 국민 체조라는 명칭으로 남아 있는 체조가 그러한 역사의 잔재를 드러내준다. 우리 사회에서 널리 시행되었던 체조는 구한말에 도입되어 일제 시대까지 학교 체육에서 광범위하게 교수되던 병식(兵式) 체조에 뿌리를 두고 있는 것으로서, 병식 체조의 사상적 기반은 독일을 중심으로 발전한 체육 사상과 밀접한 연관성을 지니고 있다.[61] 이는 특히 학교 체육에서 권장되는 스포츠들이 지배 집단의 요구와 밀접한 관련을 지니고 있음을 보여준다.

엘리트 체육을 중시하는지, 생활 체육을 중시하는지의 차이도 같은 맥락에서 해석해볼 수 있다. 여러 개발도상국이 체제 선전을 위해 단기간에 효과를 볼 수 있는 엘리트 체육의 육성에 힘을 기울이고 있다. 엘리트 체육의 성공은 대외적으로는 국가의 위상을 과시하고 대내적으로는 국민들의 만족감을 높이는 데 효과적인 도구가 될 수 있기 때문이다. 국가 차원에서 볼 때 체계적인 엘리트 체육 육성 프로그램 중 가장 극단적인 것으로 냉전 시기인 1960년부터 동독에서 실시된 '국가 프로그램 1425(State Program 1425)'를 들수 있다. 이 프로그램은 만 명의 젊은이를 스포츠 아카데미에 입학시켜 훈련시키는 것이었으며 심지어 운동 능력을 향상시키기 위해 약물까지 제공하기도 했다.[62] 우리나라에서는 1964년 도쿄 올림픽을 대비해 1963년 '우수 선수 강화 훈련단'이 결성되어 처음으로 합숙 훈련을 시작했으며 이를 제도화하기 위해 1966년 태릉선수촌을 준공해 지금까지 운영하고 있다. 대표 선수들의 산실로 불리는 태릉선수촌에서 각 종목의 국가 대표 선수들은 대부분 개인 생활을 포기한채 연중 내내 훈련에 정진하면서 국제 대회를 대비한다. 우리 사회가 선진화되고 올림픽 금메달에 대한 갈증이 완화되면서 체육 정책의 초점을 생활 체육으로 옮길 것을 요구하는 다양한 움직임이 나타나고 있지만 엘리트 체육 중심의 틀은 아직도 강고히 유지되고 있다.

3. 스포츠와 헤게모니

스포츠와 관련해 또 한 가지 빠뜨리지 말아야 할 점은 어떤 집단에 속하는 사람인지에 따라 선호하는 스포츠 종목이 크게 달라진다는 것이다. 특히 계급, 세대, 성에 따른 차이가 두드러진다. 그렇다면 이러한 차이는 어떤 요인에 의해 생기는 것일까? 일반적으로 보면 그 차이는 각 스포츠가 지닌 서로 다른 사회적 의미에 기인한다고 할 수 있다. 이 의미는 여러 가지 요소의 조합에 의해 형성된다.

우선 지적할 수 있는 요소는 스포츠 그 자체가 지닌 특성이다. 일반적으로 젊은 세대가 격렬한 운동을 즐기는 반면 나이든 세대는 정적인 운동을 선호한다. 그래서 60대 이상의 노인이 축구나 산악 자전거, 암벽 등반 등의 격렬한 스포츠를 즐긴다면 그 자체가 하나의 뉴스거리가 될 것이다. 또한 즐기는 데 상당한 경제적 비용이 들기 때문에 아무나 즐기기 어려운 스포츠 종목도 있다. 우리 사회에서 상류층의 스포츠로 꼽히는 골프가 대표적인 예다. 수억 원을 호가하는 골프장 회원권 가격이나 하루를 즐기기 위해 들어가는 10~20만 원의 돈을 선뜻 지불할 만한 사람은 그리 많지 않기 때문이다. 이외에 테니스나 수영 등 값비싼 장비나 시설이 필요한 스포츠들도 마찬가지다. 반면 여러 나라에서 대표적인 노동계급의 스포츠로 평가되는 축구는 저렴한 공과 적당한 공터만 있으면 누구나 쉽게 즐길 수 있는 스포츠다. 케냐를 비롯해 아프리카 출신 선수들이 육상 중장거리 종목을 독점하고 있는 사실도 이러한 경제적 요인으로 설명해볼 수 있다.

그러나 경제적 비용이 절대적인 것은 아니다. 럭비의 경우 축구와 같은 뿌리에서 태어났고 특별히 비용도 더 들지 않지만 축구와 달리 상류층 스포츠로 자리잡고 있기 때문이다. 그 배경을 설명하려면 스포츠의 발전 과정에 영향을 미친 역사적 맥락을 고려해야 한다. 19세기 중반 영국에서 지금 형태의 축구가 자리잡을 때만 하더라도 축구는 상류층 집안의 자녀가 진학하던 퍼블릭 스쿨에서 널리 즐기던 스포츠였다. 그러나 1870년대를 지나면서 하층 노동 계급 구성원도 축구에 열광적으로 탐닉하기 시작했다. 축구는 전통 깊은 민속 경기에서 유래한 덕분에 노동 계급에게도 매우 친숙한 편이었으며 또한 이 시기부터 노동 계급의 여가 시간이 늘어나기 시작했기 때문이다. 이들은 우월한 실력을 과시하며 단기간에 상류층에게서 축구의 주도권을 빼앗았고 주도권을 빼앗긴 상층 계급의 구성원은 축구를 노동 계급에게 양보한 채 다른 스포츠에 탐닉하기 시작했다. 럭비가 바로 그 대안이었다. 동일한 뿌리를 지니고 있음에도 축구와 달리 럭비가 흔히 신사의 스포츠로 일컬어지는 것은 이런 역사적 맥락의 차이 때문이다.[63]

이와 함께 경제적 비용과 구별되는 스포츠의 특성도 다양한 스포츠 선호가 나타나는 요인 중 하나다. 우리와 달리 서구의 중상류층에게는 육상이 매우 인기 있는 종목으로 자리 잡았다. 1936년 베를린 올림픽에서 손기정 선수가 마라톤에서 금메달을 획득해 우리 민족의 자긍심을 높인 후 우리나라에서는 육상하면 주로 마라톤에만 초점을 맞추는 경향이 있으나 서구 사회에서는 마라톤에 못지않게 단거리와 중거리 경기에도 큰 관심을 보인다. 흔히 올림픽 대회에서 육상의 꽃이라 일컬어지는 스포츠는 마라톤이 아니라 100m 경주다.

육상은 모든 스포츠의 기본이라는 말이 있듯이 육상은 축구를 할 때 필요한 공조차 없어도 되는 단순한 경기이며 비용도 전혀 들지 않는 스포츠다. 1960년 로마 올림픽에서 맨발로 뛰면서 세계 신기록을 세우며 우승한 에티오피아의 비킬라 아베베의 사례는 육상이 얼마나 저렴한 운동인지 분명히 보여준다. 그렇다면 이처럼 '싸구려 스포츠'라 할 수 있는 육상이 왜 중상류층 성원들에게서 높은 인기를 누리게 되었을까? 이는 100m 경주가 마라톤과 함께 흔히 인간 한계에 도전하는 경주라는 이미지를 갖고 있다는 점과 관계가 있다. 즉 육상은 인간의 자기 한계를 실험하는 성격을 지니고 있으며 순수한 육체의 겨룸이라는 이상(理想)에 가장 잘 어울리는 스포츠 가운데 하나다. 육상 경기의 이러한 특성은 자기 향상이나 상승에 높은 가치를 부여하는 중상류층의 성향에 잘 들어맞을 뿐만 아니라 스포츠의 순수성을 강조하는 중상

류층의 이상과도 잘 부합한다.[64]

앞의 예에서 스포츠의 사회적 이미지가 형성되는 데 관여하는 또 하나의 요인을 확인할 수 있다. 100m 경주가 세상에서 가장 빠른 인간을 가리는 경기이며 그런 의미에서 인간의 자기 한계를 실험하는 성격을 지니고 있다는 점은 분명하지만, 따지고 보면 이런 요소는 모든 스포츠에서 어느 정도 찾아볼 수 있는 요소이다. 야구에서 꿈의 타율로 일컬어지는 4할 타율이나 농구에서 높은 야투 성공률 등이 모두 그런 성격을 지니고 있다. 하지만 일반적으로 야구와 농구를 인간 한계에 도전하는 스포츠라고 표현하지는 않는다. 그렇다면 그런 표현을 만들어내고 사회적으로 공유되도록 만드는 존재는 무엇일까? 여기서 우리는 대중 매체의 역할에 주목하게 된다.

대중 매체는 앞에서 설명된 여러 가지 요소들을 조합하여 특정 스포츠에 대한 하나의 이미지를 만들어내고 그것을 널리 전파하는 데 중심적인 역할을 수행한다. 매번 올림픽 대회가 열리면 우리 사회는 항상 마라톤 경기의 결과에 큰 관심을 갖고 의미를 부여하는데, 이런 현상은 대중 매체의 역할을 제외하고는 쉽게 이해하기 어렵다. 대중 매체는 마라톤이 우리 사회에 가지는 의미를 반복해서 환기함으로써 마치 마라톤이 올림픽에서 가장 중요한 종목인 듯한 환상을 계속 강화하는 것이다. 똑같은 메달이지만 태권도나 쇼트 트랙에서 획득한 메달보다 스피드 스케이팅이나 축구에서 획득한 메달에 더 높은 가치를 부여하는 것도 대중 매체의 영향과 밀접한 관련이 있다. 축구의 높은 인기 때문에 축구에서 딴 메달이 더 높은 가치를 부여받는다 하더라도 스피드 스케이팅은 태권도나 쇼트 트랙보다 더 인기 있는 종목이라고 할 수 없기 때문이다. 결국 여타 사회적 사안에 대해서 무엇이 중요한 사안인지를 규정하는 역할, 즉 의제 설정의 역할을 수행하는 대중 매체는 스포츠에서도 유사한 역할을 수행한다.

외국에서도 대중 매체가 특정 스포츠의 사회적 이미지를 형성하고 전파하는 데 큰 영향을 미친 사례를 쉽게 찾아볼 수 있다. 오리어드Michael Oriard의 분석에 따르면, 미국 사회에서 미식축구는 남성적이고 과학적인 스포츠라는 이미지를 갖고 있다.[65] 이런 이미지가 형성된 데에는 초기 미식축구의 주요 옹호자들이 의식적으로 이를 만들어 유포한 것을 일차적 요인으로 꼽을 수 있다. 하지만 그보다 더 중요한 것은 이들의 노력에 부응해 이러한 이미지를 열심히 전파해준 대중 매체의 역할이다. 마찬가지로 1970년대까지 마약에 절은 흑인의 스포츠로 치부되었던 미국 프로 농구가 1980년대 이후 백인 중산층의 인기를 크게 모으는 스포츠로 성장할 수 있었던 데도 NBA의 정화 노력과 함께 정화된 이미지를 널리 전파시켜준 텔레비전의 힘이 크게 기여했다. 물론 대중 매체는 대부분 상업적인 이유 때문에 그런 노력을 하지만 그 결과 스포츠의 특정한 사회적 이미지가 형성되고 전파되는 데 큰 영향을 미치게 된다.

이렇게 형성된 스포츠의 이미지를 이용해 자신과 다른 사람을 구별하는 수단으로 스포츠를 이용하는 수용자도 집단에 따라 스포츠에 대한 선호가 달라지도록 만드는 데 기여한다. 우리 사회에서 일정한 사회적 지위를 성취한 사람들에게 골프는 거의 필수적으로 즐겨야 하는 스포츠다. 골프를 칠수밖에 없게 만드는 사회적 분위기와 함께 자기 스스로도 골프를 침으로써 자신의 지위를 확인하고 싶어 하기 때문이다. 마찬가지로 청소년 집단은 기성세대와 구분되기 위해 독자적인 스포츠를 즐긴다. 산악 자전거나 인라인 스케이트, 스노보드 등이 대표적이다.[66] 이러한 스포츠는 격렬하고 부상의 위험성이 높다는 점에서 청소년들에게 좀 더 잘 맞는 스포츠이기는 하지만 그에 부여된 독특한 사회적 의미가 없었다면 그토록 각광을 받지는 못했을 것이다.

앞의 논의로부터 스포츠의 주기적 유행을 설명할 수 있다. 앞서 스포츠가 특정한 사회적 의미를 지니고 있다고 언급한 바 있지만 그 의미가 결코 고정되어 있는 것은 아니다. 이처럼 다양한 요인의 재조합에 의해 스포츠의 의미는 끊임없이 변화를 겪는다. 그 스포츠를 즐기는 집단도 이런 변화에 발맞추어 자연스럽게 달라진다. 10여 년 전까지만 하더라도 우리 사회의 중산층이 즐기던 대표적인 스포츠는 테니스였다. 하지만 중산층의 경제적 수준이 상승하면서 테니스의 인기는 급속히 퇴조하고 골프가 그 뒤를 이었다. 우리의 국토 사정 때문에 골프장을 새로 건설하는 데 한계가 있을 수밖에 없고 그 결과 골프를 즐기는 데 들어가는 비용이 높은 수준을 유지하는 한 골프의 인기 또한 상당 기간 지속될 가능성이 높지만 이것 역시 시간이 지나면 바뀔 수밖에 없을 것이다. 이미 일부 계층에서는 골프보다 조금은 상류층 이미지를 지니고 있는 승마나 요트 같은 스포츠가 서서히 각광받고 있다.

청소년 집단에서 스포츠의 유행 주기는 조금 더 짧아지는 경향을 보여준다. 경제적 요인이 큰 영향을 미치는 기성세대의 스포츠에 비해 청소년 집단에서는 구별의 욕망이 전면에 부상하고 그 결과 새로운 스포츠가 도입되는 속도가 훨씬 더 빨라지기 때문이다. 청소년에게 이러한 구별은 두 가지 차원을 지니고 있다. 하나는 기성세대와 달라지고 싶다는 욕망이고 다른 하나는 또래 집단 사이에서 더욱 두드러지고 싶은 욕망이다. 그런데 청소년에게는 이 욕망을 실현할 수 있는 경제적 자원이 상대적으로 제한되어 있다. 따라서 쉽게 극복할 수 없는 경제적 차이 때문에 특정 계급과 특정 스포츠 사이의 결합 관계가 비교적 오래 지속되는 기성세대와 달리 청소년 세대에서는 집단간의 스포츠 취향의 전이가 훨씬 더 빨리 이루어지고 그 결과 새로운 스포츠에 대한 욕망 역시 강해질 수밖에 없다.[67] 산악 자전거나 스키가 젊음을 상징하는 스포츠의 의미를 지니는가 싶더니 몇 년이 채 지나지 않아 인라인 스케이트와 스케이트보드가 새로운 유행으로 자리 잡았다. 이들 스포츠가 비교적 저렴한 스포츠여서 확산 속도가 빠르다는 점을 고려해볼 때 얼마 지나지 않아 또다시 새로운 스포츠가 등장할 것이다. 특정 스포츠가 어느 수준 이상으로 확산되면 그 스포츠는 곧 낡은 것이라는 이미지를 지니게 되며 그 결과 새로운 스포츠에 대한 요구가 부상하기 때문이다.[68] 더불어 이 과정에서 새로운 스포츠의 종류는 더욱 늘어날 것이다.

결국 다양한 요인에 의해 결정되는 스포츠의 사회적 이미지는 스포츠를 즐기는 집단의 분포를 뒤바꾸는 결과를 낳는다. 그중에서도 계급에 따른 스포츠 취향의 차이가 특히 중요한 의미를 갖는다. 계급이 함축하는 경제적 요인이 스포츠 향유를 결정하는 일차적 요인이 될 뿐만 아니라 스포츠의 사회적 이미지가 변화되는 데도 중요한 영향을 미치기 때문이다.

스포츠의 계급적 성격은 특정 스포츠의 풍경을 매우 다른 것으로 만들어놓는다. 골프 경기나 테니스 경기에서 관중들의 환호는 최대한 억제된다. 그러다 보니 '골프 황제'로 불리는 타이거 우즈가 퍼팅할 때 카메라 플래시가 터지자 화를

냈다는 신문 기사도 자연스럽게 받아들여진다. 경기장에서 정숙을 요구하는 것은 골프와 테니스가 고도의 정신 집중을 요구하는 스포츠, 즉 정신적 스포츠라는 것으로 합리화된다. 하지만 스포츠 종목 가운데 정신을 집중하지 않은 채 순수하게 육체적 능력만으로 경기할 수 있는 종목이 있을까? 농구에서 자유투를 던질 때, 축구에서 슛을 할 때, 야구에서 타격을 할 때 정신 집중을 하지 않고도 의도한 대로 공을 처리할 수 있는 사람은 없을 것이다. 그러나 대중 스포츠에서는 관중이 상대팀 선수를 방해하기 위해 야유를 퍼붓는 것을 당연시한다. 미국에서 벌어지는 농구 경기 중계에서 자유투를 던지는 선수의 시야를 흐리기 위해 골대 뒤쪽에 앉은 관중들이 열광적으로 막대 풍선을 흔드는 모습을 본 적이 종종 있을 것이다. 골프에서는 선수의 집중력을 흐트러뜨릴 가능성이 있다며 카메라 플래시조차 금기시하는 반면, 비슷한 집중력이 요구되는 자유투를 던질 때에는 집중을 방해하는 온갖 수단들이 모두 용인되는 것이다. 이런 차이는 경기의 성격과는 무관하게 특정 스포츠는 정신적인 스포츠로 분류되고 다른 스포츠는 좀 더 육체적인 스포츠로 분류되는 것과 밀접한 관련이 있다. 역으로 이런 차이는 계급에 따른 스포츠 선호의 차이를 강화하는 요인으로 작용한다.

경기의 이미지뿐만 아니라 특정 스포츠에 주로 어떤 계급 출신의 선수가 참여하는지에 따라 선수의 이미지도 다르게 형성된다. 축구 경기 같이 노동 계급 출신의 선수가 장악하고 있는 스포츠에서는 주로 선수들의 육체적 능력, 예를 들어 힘과 빠른 주력 등이 강조된다. 반면 어느 종목 선수에 못지않게 웨이트 트레이닝에 많은 시간을 들이는 골프나 테니스 선수를 묘사하면서 힘을 강조하는 사례를 찾아보기란 쉽지 않다. 그들에게 자주 강조되는 것은 집중력이라든지 지능과 같은 정신적 능력이다. 이는 계급적 편견이 스포츠의 의미와 결부된 모습을 나타낸다.

중요한 점은 이런 결과를 통해 스포츠가 헤게모니를 획득하는 하나의 수단으로 작용하게 된다는 것이다. 알다시피 헤게모니란 피지배층의 동의에 입각한 지배 형식을 뜻하는 것이다. 달리 말해 피지배층이 지배층의 지배를 정당한 것으로 인정하고 흔쾌히 그들의 지배를 받아들일 때 헤게모니가 형성되었다고 한다. 정신적 자질이 육체적 자질에 비해 우월한 것으로 인정받고 있는 사회에서 정신적 자질을 많이 가진 부류로 인정되는 상류층이 하류층을 지배하는 것은 당연하게 인식될 가능성이 높다. 프랑스의 사회학자 부르디외Pierre Bourdieu가 분석한 바 있듯이, 한 사회에서 공식적으로 높은 평가를 받는 학력이나 문화적 소양은 상류층의 지배를 정당화하는 도구로 기능한다. 마찬가지로 스포츠에 대한 상이한 이미지나 그에 대한 계급간의 선호의 차이 역시 이러한 지배를 정당화하는 도구로 유용하게 기능할 수 있다.

물론 스포츠가 헤게모니 형성의 수단으로 작용하는 방식이 항상 고정되어 있는 것은 아니다. 현대 스포츠가 태동하던 시기에는 스포츠의 능력 그 자체가 특정 집단의 우월성을 과시하는 수단으로 작용했다. 다수의 대중이 생활에 쫓겨 스포츠를 향유할 여유를 즐기지 못하는 상황에서 스포츠의 능력은 스포츠를 평소에 얼마나 즐길 수 있는지와 밀접하게 연관되어 있었기 때문이다. 이와 비슷하게 현대 스포츠의 세계화가 이루어지던 시기에는 서구인의 스포츠 실력이 서구인이 식민지인보다 우월하다는 것을 보여주는 증거가 되기도 했다. 제국주의 초기의 식민지 경영자들은 서구에서 유래한 각종 스포츠에서 식민지인에 비해 당연히 월등한 실력을 보여줄 수 있었기 때문이다.

계층에 따라 선호하는 스포츠가 분화되고 그에 적합한 사회적 이미지가 형성되는 것은 그 다음 단계에서다. 여가 시간의 증대로 하층 계급의 스포츠 실력이 상류층을 능가할 만큼 성장하고, 식민지에서도 '제자'인 식민지인이 그들의 '스승'을 꺾는 일이 수시로 벌어졌다. 세계적 스포츠의 대표 격인 축구에서는 이미 1900년대에 접어들면서 전통적인 종주국이 과거 식민지 국가들에게 패배를 당하는 사례가 빈번해졌다. 이 때문에 전통적인 지배 집단은 스포츠의 종류를 나눠 우월한 스포츠와 열등한 스포츠를 구분하게 되는데 일반적으로 우월한 스포츠들은 골프, 테니스, 요트 경기처럼 많은 비용이 들어 상대적으로 상층 집단이 안전하게 지배권을 유지할 수 있는 스포츠들이다. 골프의 타이거 우즈, 테니스의 윌리엄스 자매 등 유색 인종의 활약으로 조금씩 균열의 기미가 엿보이고는 있지만 여전히 스포츠의 계층간 장벽은 완강하게 힘을 발휘하고 있다.

4. 스포츠와 성

스포츠와 사회 집단의 관계에서 성(性) 문제를 빼놓을 수 없다. 성은 사회 집단을 나누는 하나의 기준에 지나지 않지만 성의 차이가 스포츠에 미치는 영향이 매우 크므로 따로 살펴보기로 하자.

스포츠는 전통적으로 남성의 영역으로 치부되었다. 고대 그리스 시대부터 여성이 스포츠에서 맡던 주된 역할은 관객의 역할이었다. 기원전 396년 그리스 4두 전차(四頭 戰車) 경주에서 우승을 거둔 시니스카의 사례처럼 극히 소수의 여성이 남성의 영역에 도전장을 내민 적도 있었지만 남성들은 완강하게 스포츠의 독점권을 주장했다. 대신에 사람들은 경쟁에 참여하는 남성에게 용기를 주고 승리한 남성에게 영광을 수여하는 존재로서 여성을 찬양했다.

역사적으로 볼 때 현대 스포츠의 틀이 완성된 19세기 중반은 남녀 차이에 대한 사회적 인식이 확립되고 여성에 대한 억압이 최고조에 달했던 시기였다. 당연히 스포츠 역시 이러한 사회적 분위기에서 자유로울 수 없었다. 현대 스포츠의 모태로 일컬어지는 영국의 퍼블릭 스쿨에서 스포츠 활동은 남성성을 함양하는 주요한 수단으로 간주되었다. 반면 여성은 너무 연약한 존재여서 격렬한 스포츠 활동을 하기에 부적합하다고 생각되어 참여를 억제당했다. 남성에 비해 자연에 더 가까운 존재로 여겨진 여성의 주된 역할은 양육이었으며 여성에게 어울리는 스포츠로는 골프, 가볍게 즐기는 테니스, 19세기 말에 붐을 이룬 자전거 타기 정도가 거론되었을 뿐이다.

여성이 체육 활동에 참가하는 것에 대한 편견은 여성 운동이 활발히 전개된 1960년대까지도 지속되었다. 심지어 인류의 화합을 모토로 내세웠던 올림픽에서조차 여성의 참여는 최소한으로 억제되었다. 초기 올림픽의 창시자들은 여성의 탈진한 모습이 비윤리적이라고 하여 올림픽에서 여성의 800m 경주를 금지했을 정도다. 이런 전통은 이후에도 오랫동안 힘을 발휘해 1980년까지도 여성은 올림픽에서 3,000m 경주를 벌일 수 없었다. 이때는 이미 캐서린 스위처가 1967년 여성의 참여를 금지하던 보스턴 마라톤에서 심판의 제지를 뚫고 마라톤을 완주한 지 20여 년이 흐른 후였는데도 말이다.

1999년 미국 월드컵에서 미아 햄 등의 스타를 낳으며 세계적인 주목을 받았던 여자 축구에서도 비슷한 사례를 찾아볼 수 있다. 현대 스포츠의 성립기인 19세기에 여성에 대한 편견 때문에 방관자로 머무를 수밖에 없었던 여자 축구는 1916년에서 1921년 사이에 발흥기를 맞이한다. 1차 세계 대전 중 공장에서 일하던 여성들을 중심으로 여자 축구가 조금씩 모습을 드러내기 시작한 것이다. 1921년에는 영국에만 최소한 150여 개의 여자 축구 팀이 형성되었다. 하지만 1921년 영국 축구 협회(FA, Football Association)는 여성의 자선 경기에서 모인 수익금이 사적으로 유용되었다는 석연치 않은 혐의를 내세우며 여자 축구를 축출한다. 축구는 여성에게 부적합하므로 권장되어서는 안 된다는 명목이었다. 여자 축구가 추진력을 되찾은 때는 1960년대 말이었으며 여자 월드컵 대회가 개최된 때는 1930년 1회 남자 월드컵 대회가 개최된 지 60여 년이 지난 1991년이었다.[69]

스포츠를 남성의 것으로 간주하는 오랜 편견 때문에 여러 부문에서 여성에 대한 차별이 드러난다. 우선 어린 시절의 사회화 과정부터 대다수 여성은 가능한 한 스포츠에 참여하지 않도록 양육된다. 남자 어린이들이 집 밖에서 달리거나 축구를 하며 뛰어노는 동안 여자 어린이들에게는 집 안에서 하는 인형 놀이나 소꿉장난 같은 비활동적 놀이가 장려된다. 스포츠 활동에 적극적으로 참여하려는 여성은 선머슴tomboy

으로 불리며 어른들의 골칫거리가 된다. 이처럼 양육 방식부터 차이가 나다 보니 뛰어난 스포츠 능력은 여성에게 일종의 금기가 된다. 남성보다 우월한 스포츠 능력을 발휘하는 여성은 여성적이지 못한 존재라는 사회적 편견이 형성되는 것이다. 뛰어난 스포츠 능력을 발휘하는 여성에게 자주 '남자 같다'는 평가를 내리곤 하는 것이 이런 편견을 잘 보여준다. 특히 많은 사람들이 남성의 영역으로 생각하는 부문, 즉 힘의 측면에서 뛰어난 능력을 발휘하는 여성 선수는 심지어 동성애자의 혐의를 받는 사례도 쉽게 찾아볼 수 있다.

여성에게 적합한 스포츠와 남성에게 적합한 스포츠를 구분하는 인식도 여전히 남아 있다. 여성과 남성의 생물학적 차이를 반박하는 논의가 광범위한 지지를 얻고 있는 오늘날에도 남성적인 스포츠와 여성적인 스포츠 사이의 구별은 사라지지 않고 있다. 슈나이더E. E. Snyder와 슈프라이처E. A. Spreitzer에 따르면, 여성과 관련해 스포츠는 전통적으로 세 가지 영역으로 구분된다. 첫 번째 영역은 여성이 전혀 하지 말아야 할 스포츠로 격투 스포츠와 몇몇 필드 경기, 신체 접촉을 통해 육체적으로 상대를 굴복시키는 스포츠, 무거운 물체에 직접 힘을 가하는 스포츠, 신체 접촉이 일어날 가능성이 있는 대면 대결 스포츠 등이 포함된다. 두 번째 영역은 여성의 참여가 일반적으로 용인되지 않는 스포츠로서 대부분의 필드 경기, 단거리 경주, 멀리뛰기 등이다. 마지막 영역은 일반적으로 여성의 참여가 용인될 수 있는 스포츠인데, 여기에는 신체를 아름답게 공중으로 던지거나 가벼운 도구를 사용하는 스포츠들이 속한다. 수영과 체조, 피겨 스케이팅, 테니스 등이 그러한 스포츠다.[70] 최근 여자 축구가 인기를 끌고 여성 프로 권투 선수가 생겨나고 철인 3종 경기에 참여하는 여성이 증가하고 있지만 여성에게 적합한 종목과 적합하지 않은 종목 사이의 구분이 그에 비례해 크게 약화된 것 같지는 않다.

스포츠에서 여성의 성취에 대한 폄하 역시 스포츠에서의 남녀 차별과 관련해 빼놓을 수 없는 요소다. 일반적으로 여성 스포츠의 수준은 남성 스포츠에 비해 열등한 것으로 인식된다. 대부분의 스포츠가 남녀의 경기를 따로 진행함으로써 여성은 남성과 동등한 수준에서 경쟁할 기회를 처음부터 박탈당한다. 또한 프로 테니스와 골프 대회에서 전형적으로 찾아볼 수 있듯이 여성 대회의 상금은 남성 대회에 비해 현저히 낮게 책정되어 경기 수준이 떨어진다는 점을 간접적으로 암시한다.

최근 한국 여자 골프 선수들의 활약으로 우리에게도 익숙해진 미국 프로 골프 대회의 경우 여성 대회의 상금은 일반적으로 남성 대회 상금의 10분의 1 수준을 벗어나지 못하고 있다. 이런 차이는 기껏해야 남성보다 몇 십 야드 앞에서 드라이브 샷을 하는 것 때문에 받는 불이익 치고는 너무 큰 것이 아닐까?

　스포츠에서 남녀 차별이 생겨난 배경은 무엇일까? 가부장제의 완강한 틀이 궁극적인 요인이겠지만 가부장제가 아무런 논리 없이 강요되는 것은 아니다. 스포츠 영역에서 이루어지는 여성에 대한 차별 역시 나름대로 합리화의 근거를 가지고 있다. 가장 대표적인 것이 생리학적인 면에서 볼 때 여성이 남성에 비해 10퍼센트 정도 근력이 떨어진다는 주장이다. 육상과 수영, 역도 등 대부분의 기록 경기에서 여성의 최고 기록이 남성의 최고 기록에 못 미친다는 사실이 이를 증명하는 것처럼 보인다. 2002년 여성 프로 골프를 평정했던 애니카 소렌스탐이 남성 대회 출전을 선언한 것을 계기로 소렌스탐을 남성 골프 선수와 비교한 〈중앙일보〉 보도에서도 이런 차이를 확인할 수 있다. 드라이버 샷의 거리에서 남성 선수들이 대개 300야드 내외이고, 최고 장타자인 어니 엘스는 평균 319.6야드를 날리는 데 비해 소렌스탐은 평균 265.6야드에 지나지 않는다.[71]

　그러나 이런 주장에 반대하는 사람들은 여성이 스포츠 활동에 본격적으로 참여한 시기가 남성에 비해 현저하게 뒤늦고 어릴 때부터 적극적으로 스포츠 활동이 장려되는 남성들에 비해 스포츠에 대한 참여가 억제된 여성은 잠재력을 최대한 발전시킬 기회를 얻지 못했을 뿐이라고 주장한다. 또한 남성 대회와 여성 대회를 분리 개최함으로써 여성의 잠재력

계발이 어느 정도 제한된다는 주장을 펴기도 한다. 자기보다 실력이 뛰어난 사람과 경기를 벌일 때 쉽게 실력을 향상시킬 수 있듯이 남녀가 함께 경기를 벌이면 여성의 잠재력이 훨씬 더 빨리 계발되리라는 것이다.

또 다른 문제는 가정된 여성의 열등성이 모든 부분에 적용될 수 있는 것은 아니라는 점이다. 예를 들어 지구력이나 유연성에서 여성은 남성보다 우월하다. 즉 근력이 남성에 비해 다소 떨어지더라도 다른 영역에서의 우월성으로 그 차이를 상쇄할 수 있는데, 편견을 가진 사람들은 근력의 차이만을 절대화해 전면에 내세우고 있다는 것이다. 이와 함께 좀 더 일반적인 수준에서 대다수의 현대 스포츠가 지니고 있는 남성 중심적 편향성을 지적하는 사람들도 있다. 현대 스포츠는 원래 남성의 것으로 발전되었고 따라서 남성이 더 우월한 능력을 발휘할 수 있는 기능을 중심으로 스포츠가 조직되었다는 것이다. 이 때문에 대다수의 스포츠가 근력과 같이 남성에게 유리한 능력을 중심으로 구성되어 있을 뿐 여성의 세심함이나 감성적 능력을 중요하게 평가하는 스포츠는 거의 없다. 앞서 언급한 〈중앙일보〉의 기사는 소렌스탐의 페어웨이 적중률도 분석하고 있는데, 드라이버 샷의 정확도에서 소렌스탐의 페어웨이 적중률은 0.803으로 PGA(프로 골프인 협회, Professional Golfers' Association) 선수 중 1위를 달리고 있는 로버트 담론의 적중률 0.795를 상당히 앞서고 있는 것으로 나타난다.

스포츠가 이처럼 남성 중심으로 운영되다 보니 스포츠의 성과를 평가하는 데서도 남녀 사이에 상이한 잣대가 적용되는 것을 쉽게 볼 수 있다. 남성 스포츠에서는 흔히 기록에 대한 관심이 주를 이루는 반면, 여성 스포츠에서는 선수의 외모 같은 스포츠 외적 요소가 중요하게 부각되곤 한다. 여성 테니스 선수의 경기 모습을 보여주는 신문의 사진에서 옷 사이로 언뜻 비치는 가슴이 두드러지게 하거나 속옷이 드러날 만큼 짧은 미니스커트를 강조하는 것은 거의 관행처럼 되어버렸다. 주요 대회에서 별다른 성적을 올리지는 못했지만 빼어난 미모에 힘입어 가장 인기 있는 광고 모델이 된 안나 쿠르니코바의 사례는 이를 보여주는 극단적인 사례다. 배구와 농구를 비롯한 여러 스포츠에서 여성 선수는 관객의 눈요깃거리가 되기 위해 특정한 스타일의 유니폼을 입어야 한다. 여자 프로 골프에서는 대중 매체가 앞장서서 가장 매력적인 여성 선수 순위를 발표하기도 한다. 반면 매력적인 남성 선수의 순위는 거의 발표되지 않으며 남성 선수에게 외모는 플러스알파가 될 뿐 외모가 성적보다 중요한 요소가 되지는 않는다. 남자 프로 농구와 여자 프로 농구에서는 사용하는 공에도 차이를 두는데 여자 프로 농구에서 사용하는 공은 비치발리볼에서 사용하는 공을 연상시키는 원색의 공이다.

스포츠 경기를 중계할 때 남성 스포츠의 경우에는 아나운

서나 해설자가 힘을 강조하는 어휘를 많이 구사하는 데 비해 여성 스포츠에서는 연약함을 암시하는 어휘를 많이 사용한 다는 보고도 있다. 또한 선수를 지칭할 때 여성 선수에게는 '소녀girl'라는 호칭을 자주 사용하는 반면 남성 선수에게 '소 년boy'이라는 호칭을 사용하는 사례를 찾아보기란 거의 불 가능하다. 이처럼 여성 선수는 남성 선수와 달리 상대적으로 여리고 보호받아야 할 대상처럼 취급되다 보니 여성 선수들 의 시합 중 행위를 묘사할 때 실수나 아깝게 슛을 성공시키 지 못한 것 등이 훨씬 더 자주 거론된다고 한다.[72]

공정한 육체적 경쟁의 장이라는 사회적 이미지를 갖는 스 포츠에서도 이처럼 남녀간의 육체적 차이에 대한 편견이 영 향을 미쳐 여성 스포츠를 남성 스포츠와 다르게 취급하는 관 행이 형성되어 있다.

5. 스포츠와 저항

마지막으로 살펴볼 요소는 스포츠와 저항의 연결이다. 앞 에서 지적했듯이 현대 스포츠는 본래 통제를 위해 도입된 것 이다. 하지만 스포츠가 전적으로 지배 집단의 의도대로 발전 하고 향유된 것만은 아니다. 실제로 스포츠를 향유하는 사람 들 중 대다수인 일반 민중은 스포츠를 이용해 그들의 욕망을 발현시키고자 다양한 노력을 펼쳐왔다. 그뤼노R. S. Gruneau의 말을 빌리자면 "한 사회 내의 하층 집단은 그들 자신의 독특한 형태로 그들의 경험의 모순적인 성격을 극화하는 문화적 표현을 발전시킨다."[73] 현대 스포츠의 발전 과정에서도 이처럼 하층 집단의 다양한 저항이 확인된다.

사실 스포츠와 저항의 연결이 현대 스포츠에서만 특별히 나타나는 것은 아니다. 역사적으로 스포츠 행사는 항상 축제의 계기를 함축했다. 고대 올림픽이 그리스 민족의 거대한 제전이었듯이 중세 시대에도 역시 스포츠 행사는 축제의 일부분으로서 거행되었다. 바흐친Mikhail Bakhtin의 지적처럼 축제는 일상 규범의 적용이 일시적으로 유보되는 시공간으로서, 기존 질서의 시각에서 보면 항상 어느 정도 저항적인 요소를 지니는 것이었다. 중세 시대에는 스포츠의 폭력화를 염려한 전제 군주들이 축구와 같은 스포츠 행사의 금지령을 수시로 내리기도 했다.

그런데 스포츠와 관련해 저항이라는 용어를 쓸 때에는 그 의미를 다소 유연하게 사용할 필요가 있다. 전통적인 의미에서처럼 직접적인 정치적 저항과 스포츠가 연결되는 사례는 그리 많지 않기 때문이다. 이런 점을 고려하면서 스포츠와 저항이 결부되는 다양한 스펙트럼에 대해 살펴보기로 하자.

우선 많지는 않지만 스포츠가 직접적으로 저항을 조직하는 수단이 되는 사례를 생각해볼 수 있다. 17~18세기에 정치적 목적을 위해 군중을 모으는 데 축구 시합을 이용한 사례나[74] 과거 일부 식민지에서 스포츠 행사를 이용해 제국주의 세력에 항거하는 시위를 조직한 것이 이에 해당될 수 있다. 물론 이 경우 스포츠는 직접적으로 저항의 의미를 지녔던 것이 아니라 다른 부문에서 유래한 저항을 위해 단순히 수단으로 활용된 것이라고 할 수 있다.

이런 저항의 현대적 발전 형태를 축구 경기장의 훌리건에서 찾아볼 수 있다. 영국의 훌리건의 구성과 양태를 분석한 연구들에 따르면, 훌리건은 대부분 하층 계급 출신의 청소년들로 구성된다.[75] 1960년대에 단편적으로 모습을 드러냈던 훌리건들은 초기에는 자신이 응원하는 팀을 열광적으로 응원하는 과정에서 우발적으로 상대 팀의 팬들과 충돌을 빚었으나 1980년대 이후부터 점차 군대 조직과 유사해졌다. 이들은 시합 전부터 별도의 조직을 구성하여 철저하게 상대편 팬 집단과의 충돌을 준비한 후 경기장에 간다. 이런 식으로 훌리건은 상징적 전장으로서의 축구장을 실제 전장으로 바꾸어놓는 사람들이다. 이를 통해 그들은 특정 구단 나아가 특정 스포츠에 대한 자신들의 소유권을 확인받고자 한다. 라이벌 구단의 팬들에게 훌리건이 가하는 폭력이 특정 구단과의 동일시를 표현하는 수단이라면, 엄격한 규제에도 불구하고 폭력 행위를 그치지 않는 것은 축구를 순치하려는 사회적 압력에 대항하는 방식으로 해석될 수 있다. 물론 국제 시합에서 타국 응원단을 폭행할 때처럼 훌리건의 행위가 왜곡된 민족주의와 연결되어 기존 지배 이념에 흡수되어버리는 사례도 있다. 하지만 그때조차 규제 기구와의 대결이라는 의미는 여전히 유지된다.

분석가들은 훌리건의 이러한 행태를 하층 계급 출신 청소년이 겪고 있는 이중의 억압과 관련해 해석한다. 그들은 계층의 측면에서 박탈된 경험을 공유하고 있는 한편, 세대의 측면에서도 억압받는 위치에 속해 있다는 것이다. 훌리건이 경기장 안팎에서 표출하는 폭력은 이 이중적 억압에 대한 반발로 설명된다. 이처럼 우발적으로 충돌을 빚었던 초기 훌리건과 달리 처음부터 상대 팬 집단과 패싸움을 벌이기 위해 경기장을 찾는 1980년대 이후의 훌리건은 단순히 특정 팀을 응원하는 팬 집단의 차원을 넘어 사회적 저항 집단으로 발전한 사례라고 할 수 있다.

스포츠와 저항이 연결되는 두 번째 경우는 스포츠가 저항 의식을 표출하는 장으로 활용될 때다. 일제 시대에 우리 민족은 스포츠 경기에서 일본 팀을 꺾을 때 커다란 희열을 맛보았으며 일본 팀에 승리하기 위해 사력을 다하기도 했다. 이를 잘 보여주는 사례가 하나 있다. 1924년 YMCA 야구단이 하와이 원정 경기를 벌이게 되었다. 원정에 앞서 우리 선수단은 서약을 했는데 서약의 내용 중에는 일본인과 절대로 상종하지 않고, '조선'이라는 호칭 대신 '대한'이라는 호칭을 사

용하며, 일본 팀과 싸울 때는 죽어도 이긴다는 등의 내용이 포함되어 있었다.[76]

이런 전통은 지금까지도 남아 있어 대다수 우리 국민은 어느 종목의 경기든 다른 나라에게는 모두 지더라도 일본에게는 절대로 지지 말아야 한다는 의식을 갖고 있다. 스포츠 경기를 통해 일본을 이기는 것에 집착했던 이유는 강압적인 일제 치하에서 다른 수단을 통한 저항이 거의 봉쇄되어 있었기 때문이다. 이런 상황에서 스포츠가 봉쇄된 저항 의식을 우회적으로 표출할 수 있는, 아마도 거의 유일한 장이 되었을 것이다.

오늘날 프로 스포츠에서 즐겨 찾아볼 수 있는 지역간 라이벌 의식도 그 근원을 따져보면 이러한 의식이 변형된 것이라고 할 수 있다. 스포츠를 통한 지역간의 대립이 가장 강렬하게 표출되는 형태를 축구에서 찾아볼 수 있는데, 흔히 더비 매치(derby match, 같은 도시를 연고로 하는 두 팀간의 라이벌 대결)로 불리는 영국, 이탈리아, 스페인 프로 리그의 구단간 라이벌 의식이 이를 잘 보여준다.[77] 우리나라와 일본의 대중 매체가 미국 프로 야구에서 활약하는 자국 선수들의 경기 결과에 과도하게 집착하는 것도 유사한 맥락에서 해석할 수 있다.

앞의 두 경우와 비교해 볼 때 다소 소극적이지만 가장 광범위하게 찾아볼 수 있는 저항의 형태가 있다. 원래 스포츠는 상류층에 의해 만들어진 것이다. 상류층이 직접 경기의 형태를 만들어내지는 않았더라도 그들이 장악하고 있는 조직 기구를 통해 규칙을 제정하고 그 규칙의 준수를 강요했다는 의미에서 스포츠가 상류층에 의해 만들어졌다고 생각할 수 있다.[78] 또한 상류층은 스포츠를 즐기고 바라보는 태도에서도 그들이 이상적으로 생각하는 특정한 형태를 마련했다. 흔히 이상적인 스포츠 참여의 전범(典範)으로 인식되는 아마추어리즘, 페어플레이 관념, 참여에 의의를 두는 태도 등이 그러한 형태를 대표한다.

이 형태의 저항은 상류층이 제정하고 부과하는 규칙이나 태도를 의식적으로 무시하거나 거부하는 것으로 이루어진다. 규칙의 엄격한 준수를 강요하는 틀을 깨고 심판의 눈을 피해 반칙을 저지르는 것이 하나의 예가 될 수 있다. 또한 일반적으로 하층 계급 출신의 스포츠 관객은 중상층 계급 출신의 관객에 비해 승부에 집착하고 반칙에 대한 수용성이 높으며 심판의 권위를 잘 인정하지 않는 성향을 보인다고 한다. 이러한 태도에서도 상류층이 부과하는 바람직한 태도의 위반을 찾아볼 수 있다.[79] 반칙을 해서라도 승리를 쟁취하려는 욕구는 일반적으로 스포츠의 상업화라는 맥락에서 배양된 승리 지상주의의 결과로 해석된다. 하지만 그 저변에는 기존 체제의 한계를 넘어서려는 노동 계급의 욕망 또한 깔려 있다. 노동 계급에게 체제의 한계를 넘어서는 유일한 수단이 일탈인 것처럼 반칙은 스포츠를 통한 일탈을 상징적으로 표상하는 것으로 해석될 수 있다.

스포츠와 관련된 저항의 측면을 논의하기 위해 스포츠 수용자의 역할을 빼놓을 수 없다. 스포츠 수용자는 그들의 눈앞에서 펼쳐지는 스포츠 경기를 단순히 흡수하는 것에 그치지 않고 다양한 요인의 영향을 받아 그 스포츠의 의미를 재구성함으로써 최종적으로 완성하는 존재라고 할 수 있다. 이 과정에서 대중 매체가 만들어낸 이미지는 강력한 힘을 발휘하지만 수용자가 그 이미지를 아무 변형 없이 그대로 받아들이는 것은 아니다. 개별 수용자가 이 과정에서 어느 정도의 능동성을 발휘하느냐는 다소 차이가 있지만 어떤 수용자든 어느 정도 나름의 독자적인 의미를 덧붙이게 된다. 기존의 지배적인 사회적 이미지와 별도로 독자적인 의미를 완성해내는 이런 작업을 수용자의 저항이라고 부를 수 있다.

많은 수용자가 스포츠는 단지 스포츠일 뿐이라는 대중 매체의 이미지를 의식적으로 거부한다. 홀리건의 예에서 극단적으로 드러나듯이 수용자는 스포츠에 스포츠 이상의 의미를 적극적으로 부여함으로써 그 의미를 즐기는 모습을 보여준다. 물론 대중 매체가 항상 일관된 이미지를 내보내는 것은 아니며 때로는 대중 매체 스스로 의식적으로 수용자의 이런 노력을 부추기기도 한다. 스포츠에 정서적 의미를 덧붙이면 덧붙일수록 대중의 관심을 끄는 데 도움이 되며 결과적으로 대중 매체의 수용자를 늘릴 수 있기 때문이다. 상업주의가 고도로 발달한 미국 텔레비전의 미식축구 경기 중계 예고에는 컴퓨터 그래픽으로 양쪽 팀의 헬멧을 그린 후 이것이 서로 부딪쳐 폭발하도록 하여 마치 컴퓨터 게임과 같은 화면을 만들어내 시청자들의 흥분을 불러일으키는 경우도 있다. 텔레비전이 이처럼 팀간의 대결 의식을 부추기는 상황에서 수용자가 경기에 정서적으로 몰입하게 되는 것은 당연한 일이다.

그러나 대중 매체의 이런 노력에는 항상 자기 제한이 있게 마련이다. 그 제한은 지난 2002년 월드컵 기간 중 거리 응원에서 시민 의식을 과장해 찬양했던 것처럼 이른바 사회 질서를 우선시하는 것에서 올 수도 있고, 프로 야구 시합에서 지역간 대결 의식을 의도적으로 부각시키지 않는 것처럼 대중 매체 나름의 정치적 고려에서 나올 수도 있다. 선수간의 격렬한 몸싸움을 흥미진진하게 보도하다가도 몸싸움이 격화되어 선수나 관중의 폭력 행위로까지 발전하면 곧 중계를 지켜보는 어린이 시청자를 들먹이며 비난을 퍼붓는 태도는 대중 매체가 지니고 있는 자기 제한의 측면을 잘 드러내준다.

수용자의 저항은 대중 매체의 자기 제한을 내면화하지 않는 것에서 나타난다. 수용자는 대중 매체의 노력과는 무관하게 마음껏 지역 대립 의식을 표출할 수 있으며 폭력의 행사를 옹호할 수도 있다. 흥분한 관중의 행위에 대해 대중 매체가 주도한 사회적 비난이 빗발치더라도 다음 시합에서 유사한 상황에 부딪쳤을 때 관중은 또다시 똑같은 형태로 반응한다. 이를 보고 교육의 실패나 사회의식의 결여를 들먹이는 태도에도 어느 정도 타당성은 있다. 하지만 좀 더 중요한 것은 이들이 일상의 행위와는 다른 의미를 스포츠에 부여한다는 점이다. 관중이 일상의 행위에서까지 항상 경기장에서와 같은 무질서를 보여주지는 않는다.

응원하는 팀과 자신을 동일시하여 팀의 성공과 실패를 자신의 성공과 실패와 유사하게 인식하는 태도도 같은 맥락에서 이해해볼 수 있다. 팀의 승리를 곧 나의 승리로 여기는 태도에서 교과서가 강조하는 초연한 관찰자의 태도를 찾아보기는 어렵다. 스포츠 분석가들은 특히 하층 계급 출신의 팬에게서 광범위하게 드러나는 이러한 태도가 평소 생활에서 자긍심을 경험할 기회를 별로 갖지 못하는 하층 계급의 상황과 연결되어 있다고 설명한다. 자긍심을 경험할 직접적인 수단이 결여되어 있는 상황에서 스포츠가 그런 느낌을 대리 경험할 수 있는 기회를 제공한다는 것이다. 일반적으로 홈 팀의 승률과 밀접한 관계를 맺고 있는 관중 동원율은 관중의 그러한 태도가 소수에 국한되지 않고 비교적 광범위하게 확산되어 있음을 보여준다. 스포츠계에서도 이런 현실을 인정하고 원칙적으로는 공정성을 강조하면서도 애매한 상황에서는 홈 팀에 유리한 판정을 어느 정도 용인하고 있다. 특히 관중 동원이 곧 수익과 직결되는 프로 스포츠에서 이런 현상을 쉽게 찾아볼 수 있다.

제 3 장 ——————— **스포츠는**
텍스트다

한 쌍의 잘 생긴 백인 청춘 남녀가 우아한 레스토랑에 나란히 앉아 밀어를 속삭이고 있다(남성은 정장을, 여성은 어깨 끈이 달리고 목덜미가 파인 드레스를 입고 있다). 부드러운 음악이 흐르고 사랑의 감정이 한창 무르익어갈 즈음 여성이 작은 목소리로 속삭인다. "좀 추운 것 같지 않아요?" "어, 그래! 미안해." 얼른 자리에서 일어나 신사답게 양복 상의를 벗어 들고 여성에게 다가가는 남성과, 기쁨에 넘쳐 다소곳이 자세를 가다듬는 여성. 그러나 이게 웬일일까? 남성은 여성의 기대를 배반하며 그녀를 그냥 지나친다. 그리고 이 백인 여성의 바로 옆자리에는 지금까지 화분에 가려 보이지 않던 한 흑인 남성(레스토랑의 격에 걸맞지 않게 그는 반팔 티셔츠 차림이다)이 나타난다. 백인 남성은 그의 몸에 양복을 걸친 후 자리로 돌아와 여성과 대화를 계속한다.

1998년 가을 시즌의 미식축구 중계 시간에 방영되었던 비자 카드 광고는 미국 문화에 낯선 외국인에게 다소 당혹감을 준다. 백인 남성이 백인 여성과 데이트를 즐기는 모습을 보면 요즘 유행하는 동성애 소재 광고는 분명 아닐 텐데, 새로운 인종 화해의 메시지와 연관이 있는 것일까? 그러나 이 광고에 등장하는 백인 남성과 흑인 남성이 각각 과거 샌프란시스코 포티나이너스의 쿼터백과 와이드 리시버로서 NFL의 최다 터치다운 패스 기록에 도전했던 스티브 영과 제리 라이스라는 사실을 안다면 광고의 의미는 자명해진다. 막강 댈러스 카우보이스와 그린베이 패커스 틈바구니에서 1995년에 슈퍼볼과 MVP를 동시에 거머쥐었던 스티브 영도 제리 라이스가 없다면 그 전 시즌 NFC(National Football Conference) 결승전에서 그린베이 패커스에 당했던 참담한 패배를 되풀이할 수밖에 없을 것이다. 백인 쿼터백과 흑인 와이드 리시버(그는 또한 하층 계층을 대변한다. 물론 제리 라이스 역시 스타이지만 그가 입고 있는 옷이 분위기에 걸맞지 않는 티셔츠라는 점에서 그가 흑인과 하층 계층의 중첩된 이미지를 표상하고 있음을 쉽게 감지할 수 있다) 사이의 이 기묘한 사랑. 그런 사랑이 전해주려고 하는 메시지는 과연 무엇일까? 그리고 그 사랑의 주인공이 왜 하필이면 스포츠 스타일까?

1. 텍스트로서의 스포츠

지금까지 논의를 통해 스포츠는 다양한 의미를 내포하고 있는 사회적 활동임을 알 수 있었다. 따라서 스포츠는 하나의 텍스트로 자리매김될 수 있다. 즉 스포츠는 기호로 구성되어 있는 의미 있는 구조다. 그렇다면 이 의미는 어떤 방식으로 구조화되어 있을까?

(1) 스포츠 이데올로기 : 순수성, 공정성, 자발성

가장 일반적인 수준에서 생각해보아야 할 것은 개별 스포츠 종목을 넘어 스포츠 일반이 지니고 있는 이데올로기의 차원이다. 신화에 대한 바르트Roland Barthes의 지적처럼 스포츠 이데올로기는 스포츠의 특정한 의미를 자연스러운 것으로 만들어 그 의미가 사람들에게 잘 드러나지 않도록 한다. 대표적인 예가 스포츠는 순수하다는 관념이다. 스포츠가 순수하다는 것은 스포츠가 순전히 육체의 겨룸이라는 의미만을 지니고 있다는 말과 같다. 여기에는 두 가지 의미가 함축되어 있다. 하나는 스포츠가 정치적·사회적 요소에 영향을 받지 않는다는 의미다. 그러나 지금까지 살펴본 바에 따르면 스포츠는 이 요소들과 불가분의 관계에 있다. 예를 들어 2장에서 언급했던 올림픽의 역사가 스포츠와 정치의 밀접한 관계를 증언해준다. 아리안 민족의 우수성을 선전하는 무대로 마련된 1936년 베를린 올림픽이 스포츠가 정치와 본격적으로 얽히게 된 신호탄이 되었다. 1960년대와 1970년대의 올림픽은 남아프리카공화국의 인종 차별에 항의하는 무대가 되었다. 1968년 멕시코 올림픽에서는 미국 사회의 인종 차별을 고발하는 흑인 선수의 항의가 있었으며, 1980년 모스크바 올림픽과 1984년 LA 올림픽은 냉전의 여파로 각각 서구와 동구가 불참한 반쪽 올림픽으로 치러졌다.

경제와 스포츠 사이의 관계도 겉보기보다는 훨씬 더 긴밀한 편이다. 이미 계급에 따라 스포츠 취향이 상이하게 발전하는 것에 대해 언급한 바 있지만 사실 이러한 취향의 차이는 특정 종목의 스포츠에 참여하는 데 필요한 경제적 능력과 밀접히 연관되어 있다. 그래서 테니스와 골프, 수영 등 비교적 초기에 많은 투자를 해야 하는 스포츠에서는 백인 중산층이 더 나은 실력을 발휘한다. 반면 흑인이나 저소득층은 축구와 육상처럼 별다른 돈을 들이지 않고 실력을 발휘할 수 있는 종목에서 우월한 실력을 보인다. 미국 프로 농구 NBA 소속 선수의 90퍼센트 이상이 흑인인 반면 북미 아이스하키 리그 NHL 소속 선수는 거의 백인인 현실이 경제적 차이와 스포츠 취향 사이의 밀접한 연관성을 단적으로 드러낸다.

또한 스포츠는 공정성에 대한 환상을 유포한다. 엄격한 규칙을 지키면서 외부의 도움을 전혀 받지 않고 자신의 육체적 능력만으로 겨루는 스포츠의 이미지가 스포츠를 공정한 것으로 생각하도록 만든다. 권투에서 널리 사용하는 비유를 들면 '일단 사각의 링 안에 들어서면 도와줄 사람은 아무도 없다'. 그러나 과연 그럴까? 현대 스포츠에서는 단지 뛰어난 자질을 갖고 있다고 해서 경기의 승자가 될 수 있는 것이 아니다. 체계적인 훈련 과정을 뒷받침할 수 있는 경제적 능력도 있어야 한다.[80] 이처럼 스포츠에서의 성취가 투자의 양에 점점 더 비례하게 되면서 스포츠를 순수하게 개인적 능력에 의한 경쟁으로 보는 관점도 도전을 받고 있다. 선진국과 후진국, 잘사는 사람과 못사는 사람은 스포츠에 투자할 수 있는 여력에 차이가 있다. 헝그리 정신은 스포츠를 지배하는 가장 고전적인 관념 중 하나지만 그 정신만으로 경기에서 승리할 가능성은 갈수록 줄어들고 있다. 다른 조건이 동일하다면 헝그리 정신이 마지막 순간에 정신력을 발휘하게 함으로써 승리를 거두는 데 도움이 될 수 있겠지만, 현대 스포츠에서는 여러 가지 요인이 개입함으로써 다른 조건의 동일성이 처음부터 보장되지 않는 사례가 다반사이다. 결국 스포츠는 일정한 편견을 지니고 있는 기준을 유일하게 공정한 기준으로 수립하는 기능을 수행한다. 스포츠의 단일한 기준을 의문 없이 받아들일 때 경제적 능력에 의한 서열화나 생산성의 기준을 받아들이는 것도 훨씬 더 쉬워질 수밖에 없다.

그러나 이와 같은 현실에도 불구하고 스포츠의 공정성에 대한 관념은 우리가 살고 있는 사회가 능력주의가 실현되는 곳이라는 환상을 고취함으로써 사회 체제를 정당화하는 데 공헌한다. 이러한 이데올로기를 전파하는 데 힘을 쏟는 사람들은 경기를 준비하는 과정에 쏟는 노력의 중요성을 되풀이해 강조한다. 경기에서 승리를 거두는 사람은 승리의 기쁨을 만끽하기에 충분할 만큼 노력을 쏟아 부었다는 것이다. 그 과정에서 노력을 쏟을 기회가 불평등하게 분포되어 있다는 사실은 의도적으로 간과된다. 마치 대학 입시가 대학 수학 능력 시험이라는 똑같은 시험을 거쳐 합격생을 선발하기 때문에 공정하다고 말하는 것과 마찬가지다. 과외를 받거나 학원에 다닐 수 있는 기회, 어린 시절부터 공부하기에 적합한 환경의 혜택을 누릴 수 있는 기회의 차이 같은 것은 거론되지 않는다. 특히 역경을 딛고 성공한 사람들이 각광을 받는다. 그들은 외적 조건이 궁극적인 성취에 장애 요인이 되지 않는다는 것을 보여주는 산 증인이기 때문이다. 그들이 얼마나 예외적인 존재인지를 언급하는 목소리는 거의 찾아보기 어렵다. 스포츠에서도 마찬가지로 신체의 불리함을 딛고 승리를 쟁취한 사람들에게 스포트라이트가 쏟아진다. 고환암의 역경을 딛고 투르 드 프랑스(프랑스 국제 도로 사이클 대회, Le Tour de France)를 연패한 랜스 암스트롱 같은 선수가 각광을 받는 것도 그런 이유 때문이다.

스포츠가 설사 순수하게 육체의 능력을 겨루는 장이라 하더라도 스포츠를 과연 공정하다고 할 수 있을까? 경기의 결과가 반드시 노력의 양에 비례하는 것은 아니다. 결코 노력으로는 극복할 수 없는 타고난 능력의 차이도 있기 때문이다. 스포츠가 공정하다고 주장하는 사람들은 선천적 차이에 의한 차별은 정당하다는 관념을 전제하고 있다. 그래서 2m

30cm에 가까운 키의 야오밍과 2m도 안 되는 선수가 농구 시합을 벌이더라도 그것은 정당한 것으로 인정된다. 178cm의 단신이면서 NBA의 득점왕을 넘볼 만큼 뛰어난 활약을 펼치는 앨런 아이버슨처럼 예외적인 선수도 없지 않지만 농구는 결국 키 큰 선수가 절대 유리한 스포츠다. 이제까지 NBA의 역사를 보면 이 점을 쉽게 확인할 수 있다. 빌 러셀과 월트 챔벌레인, 카림 압둘 자바에서 래리 버드, 하킴 올라주원, 팀 던컨, 샤킬 오닐 등 당대 최고의 센터를 보유한 팀들이 줄곧 챔피언 자리를 독차지해왔다. 197cm밖에 되지 않으면서도 시카고 불스를 여섯 번이나 정상에 올려놓은 마이클 조던의 업적이 더욱 높이 평가받는 까닭은 그가 뛰어난 센터의 도움 없이 그러한 위업을 달성했다는 점 때문이다.[81] 결국 마이클 조던은 예외적인 사례라는 말이다.

사실 스포츠 영역뿐만 아니라 사회 전반에서도 선천적인 차이에 의한 차별은 너무 당연한 것으로 받아들여지고 있어 이에 대해 문제를 제기하는 것이 오히려 이상하게 여겨질 정도다. 모두가 비슷한 노력을 했다고 가정할 경우 머리가 좋은 사람이 더 좋은 대학에 들어가고 능력이 뛰어난 사람이 더 많은 돈을 버는 현실에 불만을 제기할 사람이 얼마나 있을까? 그러나 이러한 생각은 차별받는 약자의 입장에서 보면 겉보기만큼 합리적이지 않다는 것이 금방 드러난다. 속된 말로 누가 작은 키로 태어나고 싶어서 작은가? 태어날 때부터 머리가 나쁜 것이 과연 자신의 잘못인가? 똑같은 노력을 했더라도, 아니 심지어 훨씬 더 많이 노력했는데도 단지 타고난 능력의 차이 때문에 최종적인 성과가 부족해 더 적게 노력한 사람보다 못한 대접을 받는다면 그것이 과연 공정하다고 할 수 있을까? 자신의 타고난 능력의 범위 안에서 얼마나 노력했느냐에 따라 보상을 하지 않고 타고난 이점을 당연한 것으로 받아들이는 것은 자신의 의지와는 무관하게 약자로 태어난 사람들에게는 너무 가혹한 일이다. 성공한 사람들이 성공하기 위해 쏟아 부은 노력에 대해 찬사를 받으며 화려한 조명을 받을 때 더 많이 노력했지만 결국 성공하지 못한 사람들의 마음을 단지 운이 나빴을 뿐이라는 말로 위로해줄 수 있을까?

스포츠는 대다수의 사람이 별다른 문제의식을 느끼지 못하고 받아들이는 이러한 차별을 더욱 자연스러운 것으로 만드는 데 기여한다. 외부의 도움을 전혀 받지 않고 이루어지는 개인간의 순수한 경쟁이라는 이미지 뒤에 타고난 차이에 대한 문제 제기가 묻혀버리고 마는 것이다. 더구나 현대 스포츠는 더욱더 경쟁 지향적으로 변해가고 있고 그 과정에서 승자가 누리는 혜택도 점점 커지고 있다. 경기 참가에 의의가 있다는 과거의 이상은 그 시절에도 별다른 힘을 지니지 못했지만 시간이 흐를수록 더욱더 무의미해지고 있다. 경기에서 승패가 초래하는 보상의 격차와 현실 사회에서 나타나는 보상의 격차 사이에는 일종의 상동 구조가 발견된다. 스타플레이어와 평범한 선수 사이의 연봉 격차가 커지듯 회사의 최고 경영자와 일반 직원 사이의 격차도 갈수록 벌어지고 있다. 2003년 미국 프로 야구의 최고 연봉 선수는 텍사스 레인저스의 알렉스 로드리게스로 연간 2,200만 달러의 연봉을 받는다. 이 액수는 대략 연봉 하한선인 30만 달러 정도를 받는 선수 수입의 700배가 넘는 것이다. 마찬가지로 현재 미국 최고 경영자의 평균 소득은 일반 노동자 평균 소득의 400배에 달하며 이 격차는 1980년에 비해 무려 10배나 늘어난 것이다. 이렇게 본다면 프로 스포츠가 만개하고 선수간의 연봉 격차가 확대되기 시작한 1970년대 이후 선진국에서 계층 간 소득 격차가 급격히 증가했던 사실을 단순히 우연이라고 보기만은 어려울 것이다. 오히려 양자가 상호 연관성을 가지면서 서로를 강화했다고 보는 것이 더욱 그럴듯한 설명이 될 것이다.

공정성과 긴밀히 연관되어 있는 것으로 스포츠는 현실이 언제나 변화될 수 있다는 환상을 유포한다. 매년 반복되는 프로 스포츠 시즌제가 그런 환상을 확산하는 대표적인 장치다. 물론 시즌제는 일종의 산업으로서 프로 스포츠가 안정적으로 이윤을 창출할 수 있게 해주는 주요한 장치다. 동시에 시즌제는 부수적으로 두 가지 이데올로기적 역할을 수행하기도 한다. 우선 시즌제는 변화 없이 지속되는 시즌의 반복을 통해 일상의 안정성에 대한 감각을 강화한다. 마치 근대 이전의 제의가 주기적으로 되풀이되는 매년의 변화를 확인 시킴으로써 안정된 시간 감각을 제공해주는 역할을 했듯이 시즌제는 일상의 기본 틀이 별다른 변화 없이 언제까지나 되풀이되리라는 점을 가르쳐준다. 선수들의 파업이나 천재지 변, 전쟁 등의 특수한 상황을 제외하면 언제나 같은 시기에 시작되고 같은 시기에 종료되는 프로 스포츠의 시즌을 보면 서 팬들은 일상의 안정성을 확인하고 만족감을 느낀다.

또 다른 면에서 시즌제는 변화 없는 구조적 틀 속에서도 올해의 결과가 내년에는 언제든지 뒤바뀔 수 있다는 점을 강 조하는 역할을 하기도 한다. 올해에 좋지 않은 성적을 올렸 더라도 이것이 영원불변의 것은 아니라는 것, 열심히 준비하 면 내년에는 정상을 차지할 수도 있다는 것, 다시 한번 중요 한 것은 노력이라는 것, 충분한 노력만 쏟는다면 스포츠에서 도 인생에서도 언제나 역전은 가능하다는 것 등이 강조된다. 지난 시즌의 최하위 팀이 갑자기 정상에 오르는 것을 지켜보 는 사람들은 오늘의 실패에 좌절하며 사회 구조를 원망하기 보다는 다시 한번 자신을 채찍질하며 노력을 다짐하는 자세 를 가지게 된다. 불과 1년 단위로 되풀이되는 시즌은 이렇듯 역전의 경험을 매우 자주 경험할 수 있도록 해줌으로써 구조 의 불평등에 대한 관념이 들어설 자리를 없앤다. 뉴욕 양키 스나 삼성 그룹이 운영하는 여러 스포츠 구단처럼 막대한 물량 공세를 통해 우수한 선수를 독점하는 팀이 생겨 리그 내부의 불평등성이 고착되더라도 문제는 없다. 스포츠에는 항상 이변의 여지가 있으며 많은 돈을 쏟아 부었다고 해서 반드시 승리를 거두는 것은 아니기 때문이다. 다시 한번 타고난 불평등은 현실의 경쟁에서 별다른 장애 요인이 되지 못한다.

문제는 스포츠가 순수하다는 일반적인 관념이 강고하게 자리잡고 있다 보니 스포츠의 이러한 이데올로기가 겉으로 잘 드러나지 않는다는 점이다. 사실 스포츠의 이데올로기가 강력한 힘을 가질 수 있는 것은 순수성에 대한 이런 관념 덕분이다. 그래서 현대 스포츠의 성립 초기부터 오늘날에 이르기까지 스포츠를 이용하려는 사람들이 가장 열심히 간직해 나가고자 하는 관념도 바로 스포츠는 순수하다는 관념이다. 실상은 그런 이상과 전혀 맞지 않는데도 말이다.

스포츠가 자발적인 활동이라는 생각 또한 굳어진 관념 중 하나다. 스포츠 참여에서 오는 즐거움이 이를 강화한다. 프로 스포츠의 종주국이라 할 수 있는 미국의 프로 선수나 코치들의 인터뷰를 보면 돈을 위해 경기를 벌이는 프로 시합에서도 경기를 즐기는 태도를 강조하는 것을 자주 볼 수 있다. 스포츠는 스스로 즐기기 위해 하는 활동이라는 생각이 뿌리 깊이 박혀 있는 것이다.

스포츠가 자발적인 행위로 생각되다 보니 그 준비 과정에

투여되는 고통스러운 노력은 잊혀지거나 무시된다. 이 노력조차 자발적인 것으로 인식되면서 노력할 수밖에 없도록 강요하는 강제의 요소가 시야에서 사라지고 마는 것이다. 결국 다이어트의 일환으로 스포츠 활동에 참여하는 다수의 현대인들처럼 특정한 몸매의 기준에 맞추기 위해 거의 강제적으로 스포츠 활동에 참여해야 하는 측면은 겉으로 잘 드러나지 않는다.

마찬가지로 많은 하층민들이 스포츠를 자신들이 택할 수 있는 유일한 성공의 길이라고 생각하고 그 길에서 성과를 거두기 위해 분투하는 측면 역시 보이지 않는다. 원하던 성공을 이루지 못하고 중도에 탈락하는 사람도 쉽게 잊혀진다. 그들은 그저 개인의 즐거움을 위해 스포츠에 몸담았을 뿐이고 성공이란 그 즐거움을 더욱 크게 만들어주는 장식품일 뿐, 실패했다고 스포츠 참여에서 얻을 수 있는 즐거움마저 사라지는 것은 아니라고 생각하기 때문이다. 사람들은 누가 왜 스포츠에 참여하며, 누가 실패를 겪고 실패 뒤에 어떻게 되는지를 결정짓는 구조적 요인은 스포츠에 적합한 주제가 아니라고 생각한다. 그래서 많은 흑인이나 하층 계급의 어린이가 공부보다는 스포츠를 택했다가 경쟁에서 탈락해 다시 하층 계급으로 쓸쓸히 전락해가는 악순환이 심각한 논의의 주제가 되는 사례는 그리 흔치 않다.

(2) 스포츠의 규칙

스포츠의 의미를 구성하는 두 번째 차원은 개별 스포츠 종목이 지닌 규칙에서 찾아볼 수 있다. 축구와 농구, 야구는 모두 구기 스포츠이지만 각 스포츠에서 사용하는 공의 크기나 재질, 강도는 모두 다르다. 나아가 공을 어떤 식으로 다루어야 하며 그 과정에서 허용되는 행위와 허용되지 않는 행위는 무엇이고 경기의 결과는 어떤 식으로 결정되는지도 모두 다르다. 규칙은 바로 이 모든 것을 규정하는 체계다. 따라서 규칙은 특정 스포츠의 일차적인 성격을 규정하는 역할을 한다.

가장 일반적인 수준에서 규칙은 인간 중심성 또는 남성 중심성의 특징을 갖고 있다. 손을 자유롭게 사용할 수 있는 인간의 장점을 적극 활용하는 스포츠는 많지만 동물에 비해 우월하지 못한 인간의 능력을 활용하는 스포츠는 거의 없다. 예를 들어 후각을 이용하는 스포츠는 없다. 마찬가지로 남성이 여성보다 우월한 능력을 지닌 부문을 강조하는 스포츠 규칙도 쉽게 찾아볼 수 있다. 체조나 피겨 스케이팅처럼 여성이 우월한 능력을 발휘할 수 있는 스포츠도 없지는 않지만 이런 종목은 대개 스포츠와 스포츠가 아닌 것 사이의 경계에 있는 것으로 취급받거나 또는 단순한 눈요깃감으로 치부되고 마는 것이 현실이다.

규칙이 형성되어온 역사, 즉 과정에서 어떠한 사회적 요인이 스포츠 규칙에 영향을 미쳤고 그로 인해 어떤 변화가 발생했느냐를 살펴보는 것도 매우 흥미롭다. 축구와 럭비가 다른 종목으로 분화되었던 역사에 대해 이미 1장에서 언급한 바 있지만 이 밖에도 현대 스포츠의 상업화 경향을 만족시키기 위해 이루어진 다양한 규칙의 변형도 많이 찾아볼 수 있다. 즉 스포츠의 규칙은 결코 고정되어 있지 않으며 항상 스포츠 조직과 선수, 관중, 대중 매체 등 스포츠에 관여하는 다양한 행위자 사이에 이루어지는 불안정한 타협의 결과로 변형된다.

규칙의 차원에서 중요하게 부각되어야 할 또 한 가지는 현대 스포츠가 결과의 평가 과정에서 양화, 다시 말해 수치로 표현되는 결과에 매우 큰 중요성을 부여한다는 점이다. 구트만Allen Guttmann은 현대 스포츠의 일곱 가지 특성 중 하나로 양화를 거론하면서 그것을 결과 평가의 합리화와 연결시킨다.[82] 축구에서 승부는 경기의 전반적인 과정을 누가 지배했는지와 무관하게 최종적인 골의 수로 결정된다. 승부의 결과뿐만 아니라 선수 개개인을 평가할 때도 양적인 요소가 지배적인 기준으로 사용된다. 스포츠 신문을 보면 온갖 세세한 부분에 이르기까지 각 선수의 업적을 양으로 평가하는 내용이 지면을 가득 채우고 있다. 이러한 평소의 기록은 나아가 NBA 역사상 최다 득점 기록이나 NFL 역사상 최고 패스 기록처럼 그 종목의 스포츠 역사 전반에 비춰 재평가된다. 이를 가능하게 하기 위해 구트만이 현대 스포츠의 또 하나의 특성으로 설명하는 정밀한 기록이 나타난다.

양화의 이데올로기적 성격은 현대 사회의 변화 과정을 조금만 살펴보면 쉽게 이해할 수 있다. 단순성과 이해의 편리성을 내세워 현대 사회에서는 양적 지표가 고도로 활용되고 있다. 경제 성장률이라는 단일한 수치는 한 국가가 경제적으로 얼마나 발전했는지를 알려주며 심지어 행복 지수를 통해 주관적으로 느끼는 행복의 정도까지 수치로 표현하려는 시도도 활발히 펼쳐지고 있다. 양의 평가 과정에서 자연스럽게 질의 측면은 무시된다. 높은 경제 성장률만큼 과연 인간의 행복이 증진되었는지는 논의의 범위에서 제외되어버리고 마는 것이다. 대신 강조되는 것은 휴대 전화의 보급률이라든지 초고속 인터넷의 보급률과 같은 양적 지표들이다. 초고속 인터넷으로 무엇을 하고 있고 그것이 그의 삶을 얼마나 풍요롭게 만들어주고 있는가는 부차적인 문제인 것이다.

(3) 스포츠 참여자의 사회적 배경

스포츠의 의미가 구성되는 세 번째 차원은 스포츠에 참여하는 사람에게서 발견된다. 개별 종목의 스포츠 선수들은 종목에 따라 상이한 사회적 배경을 가지고 있으며 스포츠에서의 역할을 무작위로 분담하지도 않는다. 앞서 살펴보았듯이 축구와 럭비가 동일한 뿌리를 가지고 있음에도 불구하고 축구는 노동 계급 출신의 사람들이 주로 참여하는 반면, 럭비는 상층 계급 출신의 사람들이 많이 참여하는 경향을 보인다. 또 미식축구나 미국의 프로 야구에서는 포지션에 따라 흑인과 백인의 일정한 역할 분화가 나타나기도 한다. 이런 현상을 흔히 패 섞기stacking라는 말로 표현하는데, 예를 들어 야구에서 백인은 선발 투수나 포수 등을 맡는 반면 흑인은 외야수를 맡는 사례를 흔히 볼 수 있다.[83] 마찬가지로 얼마 전까지만 하더라도 미식축구의 쿼터백은 백인의 전유물로 여겨졌던 반면 러닝백이나 와이드 리시버는 대부분 흑인의 몫으로 배정되었다. 2002~2003년 시즌 미국 프로 미식축구 플레이오프 2회전에 진출한 여덟 팀 가운데 세 팀의 쿼터백이 흑인이었을 만큼 이런 현상은 점차 개선되고 있기는 하지만 여전히 백인 쿼터백의 비율이 압도적이다. 나아가 흑인들이 압도적인 활약을 펼치는 스포츠, 예를 들어 미국 프로 농구나 프로 미식축구에서도 코치진은 대부분 백인으로 구성되어 있다.

선수뿐만 아니라 관중의 사회적 배경에도 차이가 있다. 계층에 따라 좋아하는 스포츠가 현저히 달라지는 것이다. 대중매체가 발전하면서 팬 기반이 점차 넓어지기는 했지만 영국의 축구는 여전히 전형적인 노동 계급의 스포츠다. 반면 미국에서 축구는 중산층에게 더 인기가 있는데, 그 이유는 미식축구에 밀려 축구의 인기가 높지 않던 미국에서 1980년대 이후 축구를 널리 받아들인 사람들이 중산층 자녀들이었기 때문이다. 한편 1970년대까지 흑인의 스포츠로 남아 있던 미국 프로 농구는 운동화 제조업체 나이키 사와 NBC 방송국의 적극적인 후원에 힘입어 1980년대 이후부터 백인 중산층에게 널리 인기를 얻기 시작했다.[84]

(4) 스포츠의 역사

스포츠의 의미를 구성하는 네 번째 차원은 특정 스포츠가 한 사회 속에서 구축해온 역사와 그로 인해 형성된 사회적 이미지다. 우리 사회에서 축구는 언제나 국민 스포츠로 간주된다. 그러나 축구가 국민 스포츠로 평가받을 만큼 인기를 얻은 이유가 축구 자체의 매력에 있지는 않다. 그 이유를 설명하기 위해서는 우리 스포츠의 역사 속에서 축구가 어떤 위치를 차지했는지를 먼저 살펴봐야 한다. 역사적으로 축구는 다른 종목에 비해 우리 국민의 자긍심을 높이는 데 많이 기여했으며 그 덕분에 국민들의 열광적 지지를 얻을 수 있었다.[85] 마찬가지로 일본 야구의 높은 인기에는 19세기 말에 일본의 청소년 야구팀이 미국 팀을 꺾고 승리한 경험이 큰 영향을 미쳤다. 이런 식으로 많은 나라에서는 일반적으로 자국 팀의 실력이 비교적 뛰어난 종목을 골라 그 종목을 국민 스포츠로 삼는 경향이 나타난다. 물론 그 배경에는 영연방 국가들의 럭비나 하키, 필리핀의 농구처럼 어떤 스포츠가 먼저 전파되어 널리 보급되었는지가 중요한 영향을 미친다.

그러나 그 외에도 주로 교류하는 나라 또는 비교의 대상으로 즐겨 삼는 나라와의 대결에서 좋은 성적을 올린 스포츠가 국민 스포츠가 될 가능성이 높아진다. 가장 극적인 경우는 식민지였던 국가가 특정 스포츠에서 그것을 전파해준 식민 모국을 이기는 것이다. 일제 시대 우리 스포츠에서처럼 스포츠는 흔히 식민 모국에 대한 저항을 표현하는 도구로 사용되며, 이 때문에 스포츠를 통한 승리의 경험은 그 스포츠에 대한 인기를 높이는 데 결정적인 영향을 미친다.

(5) 국가의 통제, 상업적 기구들의 이윤 추구

다섯 번째 차원은 국가의 통제 의도 또는 대중 매체나 기업을 비롯해 상업적 기구들의 이윤 추구 욕구에서 나타난다. 이들의 개입은 스포츠의 일반적인 또는 공식적인 의미를 형성하는 데 기여한다. 국가는 전반적인 스포츠 정책을 통해 한 사회의 스포츠 지형을 형성하는 데 중요한 영향을 미친다. 엘리트 체육 중심인지 생활 체육 중심인지, 학교 체육 중심인지 클럽 체육 중심인지, 스포츠 교육이 어느 정도의 강제성을 지니고 이루어지는지 등이 모두 국가 정책의 직접적인 영향을 받는다. 하층 계급이 주로 취학하던 초등학교에서 팀 스포츠 대신 체조 수업을 강제했던 1906년까지의 영국의 사례를 참조해본다면 국가는 특정 스포츠 종목의 수용 방식에까지 영향을 미친다는 것을 알 수 있다. 우리나라에서도 국가가 특정 종목의 사활에 관여해온 사례를 쉽게 확인할 수 있다. 올림픽 메달 획득을 일차적인 목표로 삼고 있는 태릉선수촌에서 대중의 선호와 무관하게 다양한 비인기 종목을 적극적으로 육성하고 있는 것이 이에 해당된다. 대표적인 비인기 종목임에도 올림픽에서 한국의 가장 중요한 '메달 박스' 역할을 하고 있는 양궁의 터전은 이렇게 마련되었다. 한편 1969년에 검사 항목과 기준치를 마련해 1970~1971년에 전국적으로 실시되었고, 1972년부터 입시에 반영되기 시작한 학생 체력 검사는 특정 스포츠를 학생에게 강제로 부과한 사례라고 할 수 있다.

대중 매체는 국가의 공식적 역할을 보완하여 일상적 수준에서 스포츠의 사회적 이미지를 정형화하고 사회 전반에 널리 확산시키는 역할을 한다.[86] 이 과정에서 대중 매체는 앞서 언급된 여러 요인의 영향을 받지만 매체 스스로의 논리에 따르기도 한다. 1990년대 이후 우리 신문에서 미국의 프로 스포츠나 대학 스포츠에 대한 언급이 급격히 늘어난 것을 기억할 것이다. 우리 선수들이 활약하고 있는 프로 야구나 남녀 프로 골프에 대한 보도는 쉽게 이해할 수 있지만 미식축구의 슈퍼볼이나 NBA 챔피언 결정전은 물론 시즌 중의 성적도 일상적으로 보도되며 나아가 대학 미식축구나 대학 농구의 플레이오프전인 '3월의 광란March Madness'도 우리 대중 매체의 단골 메뉴다. 물론 이런 보도 경향은 1980년대 말 이후 유학이나 어학 연수 덕분에 우리 사회 성원들이 미국의 스포츠를 직접 체험할 수 있는 기회가 많아지고 위성 방송 등을 통해 미국 스포츠를 더 많이 즐기게 되었기 때문에 나타난 것으로 설명될 수 있다. 하지만 동시에 구매력이 높은 소수 수용자의 욕구에 부응함으로써 전반적인 신문 판매 부수와 광고 수주 액을 늘리고 또한 신문의 이미지를 젊게 만들려는 신문사의 욕구도 무시할 수 없다. 어쨌든 이런 과정을 통해 수용자가 스포츠를 보는 관점에는 상당한 변화가 나타나게 되며 특정 스포츠의 위상도 결정적인 영향을 받게 된다. 대중 매체의 관심에서 멀어져 방송 중계 계약을 맺지 못하고 고사 위기에 빠진 국내 프로 권투는 대중 매체의 영향력을 잘 보여주는 대표적 사례라고 할 수 있다.

기업은 스포츠를 활용해 이윤을 챙기거나 스포츠 팀의 경영을 통해 구단의 이미지를 향상시키려는 목적에서 스포츠와 관계를 맺는다. 이 과정에서 기업은 대중에게 인기가 높은 스포츠에 집중적으로 투자하며 그 결과 해당 스포츠의 사회적 위상을 더욱 상승시키는 데 공헌한다. 더 많은 팬을 보유한 스포츠에 스폰서 계약 등이 집중됨으로써 재정이 풍부해지고 이를 통해 팬들에게 더 많은 서비스를 제공함으로써 팬이 더욱더 늘어나는 선순환이 이루어지는 반면 그렇지 못한 스포츠는 재정 약화와 팬 감소 등 악순환에 빠지게 되는 것이다.

(6) 스포츠 수용자

스포츠의 의미를 구성하는 차원 중 마지막으로 들 수 있는 것은 스포츠 수용자다. 수용자는 다양한 욕구를 지니고 스포츠 활동에 참여하여 스포츠의 의미를 독자적으로 완성하는 역할을 담당한다. 수용자는 개인의 경험이나 취향 등을 결합하여 특정 스포츠에 몰입하거나 아니면 아예 스포츠 자체에 혐오감을 드러내기도 한다. 예를 들어 일반적으로 여성은 스포츠에 별다른 취향을 보이지 않는다. 반면 남성 수용자는 이미 형성되어 있는 스포츠의 사회적 의미를 활용하여 자신의 남성성을 과시하기 위해 스포츠에 더욱 큰 관심을 보인다. 스포츠의 남성적 이미지가 남녀의 참여 정도에 영향을 미치며 그 결과 원래의 이미지가 좀 더 강화되는 순환 과정을 찾아볼 수 있는 것이다.

또한 수용자는 기존의 사회적 의미를 변화시켜 새로운 의미를 형성시키는 데도 관여한다. 1980년대 이후 허구적인 성격이 폭로되면서 급격히 인기를 잃었던 프로 레슬링이 청소년층의 열광적인 성원에 힘입어 새로운 의미를 부여받고 있는 것 등이 여기에 해당한다. 물론 이러한 변화가 개인 차원에서 이루어질 수 있는 것은 아니다. 또 변화를 만들어내는 집단의 구성원이 모두 동일한 목적을 가지고 여기에 개입하는 것도 아니다. 하지만 개인의 상이한 목적과 무관하게 수용자는 집합적으로 스포츠의 새로운 의미를 형성하는 데 기여하며 그것은 나아가 스포츠의 경계를 다시 설정하는 데까지 영향을 미치기도 한다. 프로 레슬링이나 격투기, 다양한 극한 스포츠가 청소년층의 인기를 얻으면서 조직 스포츠 중심의 기존 스포츠에 위협을 가하고 있는 것이다.

지금까지 살펴본 다층적 차원이 결합하여 스포츠의 의미를 형성한다. 이데올로기, 규칙, 스포츠 참여자, 스포츠의 역사, 국가와 기업의 이윤 추구 등 다섯 가지 차원의 작용을 통해 한 사회에서 스포츠의 공식적인 의미가 설정되지만 마지막 차원인 수용자의 개입으로 인해 개별 수용자가 지니는 의미는 각각 상이한 양상을 나타낼 수 있다. 그러나 수용자의 독자성이 무한한 것은 아니다. 수용자의 의미 구성은 나머지 다섯 가지 차원에 작용했던 요인들에 영향을 받기 때문이다. 또한 스포츠는 순수한 것이라는 이데올로기와 스포츠가 일상화되어 있는 현대 사회의 상황 때문에 수용자는 의미 구성이 이루어지는 과정에 대해 의식의 수준에서 반성적으로 사유하기 어렵게 된다. 수용자의 의미가 적극적으로 구성되기보다는 의식하지 못한 사이에 소극적으로 구성될 가능성이 높다는 것이다. 즉 다른 차원의 요소가 수용자의 의미 구성에 영향을 미칠 가능성을 높인다는 것이다. 수용자가 궁극적으로 의미를 완성하는 존재라고 설명하면서도 다른 요인들의 중요성을 무시하지 말아야 한다고 덧붙이는 것은 바로 이런 이유 때문이다.

2. 스포츠와 즐거움

스포츠의 의미 작용과 관련해 특기할 점은 이 의미 작용이 욕망과 즐거움을 매개로 이루어진다는 것이다.[87] 앞에서 스포츠의 자발성이라는 이데올로기에 대해 언급한 바 있지만 이데올로기가 반드시 거짓만을 담고 있는 것은 아니다. 모든 이데올로기에는 어느 정도 진실의 요소가 포함되어 있으며 이것이 이데올로기가 설득력을 갖도록 만드는 기반이 되기도 한다. 다만 이데올로기는 진실의 특정한 측면을 과장하고 다른 측면을 억압함으로써 진실을 왜곡하며 이를 통해 현실에 대한 그릇된 인식이 형성되도록 조장한다.

스포츠의 자발성이라는 이데올로기에서도 이 진실의 요소를 찾아낼 수 있다. 물론 많은 스포츠 활동이 현대인에게 타율적으로 부과된다. 건강이나 몸매에 대한 강박관념, 사회적으로 구성된 건전한 생활에 대한 욕망 등이 스포츠의 타율성을 뒷받침하는 요소들이다. 동시에 많은 사람들이 스포츠를 진정으로 즐기기 때문에 스포츠 활동에 참여하기도 한다. 그리고 이런 즐거움의 요소는 스포츠 활동이 지닌 타율성이 잘 드러나지 않도록 해준다. 그렇다면 스포츠가 제공해주는 즐거움에는 어떤 것들이 있을까?

우선 육체를 움직이는 행위가 가져다주는 즐거움을 들 수 있다. 그 진실성에 대해 논란이 있기는 하지만 직접 마라톤에 참가하는 사람들이 자주 거론하는 '달리는 사람의 절정감 runner's high' 같은 것이 여기에 해당할 것이다. 마라톤에 참가한 사람들은 달리기를 시작한 지 20~30분이 지나면 어느 순간 호흡이 편안해지면서 무한정 달릴 수 있을 것 같은 희열감을 느낀다고 한다. 이 절정의 순간을 경험하기 위해 많은 사람들이 외롭고 고통스러운 달리기에 중독처럼 빠져든다는 것이다. 마찬가지로 한바탕 운동을 하고 났더니 몸이 개운해졌다는 식의 표현은 운동을 막 마치고 난 사람들에게서 흔히 들을 수 있는 말이다. 이런 식의 즐거움을 느끼는 데 이데올로기적 요소, 즉 운동은 즐겁고 기분 좋은 것이라는 관념이 크게 작용하는 것이 사실이지만 실제 생물학적으로도 이런 즐거움이 상당 부분 설명된다. 운동은 신진 대사를 활발하게 해줌으로써 무엇인가 재생되는 듯한 기분을 느끼게 해주는 것이다.

또한 스포츠는 스포츠 활동을 하는 과정에서 느낄 수 있는 경쟁의 재미를 제공한다. 대부분의 스포츠는 혼자가 아니라 다른 사람과 함께 하는 활동이며 이 과정에서 참여자 사이의 경쟁이 이루어진다. 경쟁은 경기에 몰입하도록 흥분을 불러일으키며 이 흥분이 희열을 가져다준다. 달리기나 보디빌딩처럼 눈에 보이는 경쟁자가 존재하지 않는 개인 경기라고 해서 경쟁의 요소가 전혀 없는 것은 아니다. 개인 경기에서도 자기 자신, 달리 말해 어제의 기록이나 개인 최고 기록이 경쟁의 대상이 될 수 있으며 기록 책에 있는 다른 사람의 기록을 경쟁 상대로 삼을 수도 있다. 물론 모든 사람이 기록 책에 나와 있는 세계 최고 기록을 경쟁의 대상으로 삼는 것은 아니다. 기록 책에는 나이나 체격에 따라 등급이 매겨진 기록들이 일목요연하게 정리되어 있으며, 운동에 참여하는 사람들은 이중에서 적합한 기록을 목표로 설정한 뒤 운동 과정에서 이를 기준으로 삼는다. 혼자서 강변을 달리거나 웨이트 트레이닝에 매달리는 사람들을 보며 사람들은 일견 지루하다고 느낄지 모른다. 하지만 이들 개인 경기에 사람들이 몰두할 수 있는 이유는 눈에 보이지는 않지만 경쟁 상대가 여전히 존재하고 있기 때문이다. 게다가 기록 책에 있는 기록은 눈앞의 경쟁 상대에 비해 훨씬 우월한 경쟁 상대를 제공해준다는 점에서 오히려 더 지속적인 경쟁의 동력을 제공하기도 한다.

운이 좋다면 스포츠 활동을 통해 경쟁에서 승리하는 즐거움을 맛볼 수도 있다. 현대 사회가 특히 경쟁을 중시하고 그 경쟁에서의 승리를 강조하다 보니 많은 사람들이 승리의 경험을 얻기 위해 애쓴다. 사소한 경쟁이라도 승리를 거두면 자부심을 느낄 수 있고 희열을 맛볼 수 있다. 단지 팬으로서 승리하는 팀의 편에 동참하는 것만으로 일상생활에서 쉽게 경험할 수 없는 환희의 순간을 맞이할 수도 있다. 순전히 상업적 동기에 의해 운영되고 근거지와 별다른 내적 연고를 지니고 있지 않은 프로 팀들의 성적에 홈 팬이 그토록 열광하는 이유는 바로 이런 배경에서 설명될 수 있다.[88]

다수의 사람이 패배를 겪지만 패배했다고 즐거움이 사라져 스포츠를 멀리하게 되는 것은 아니다. 경기에서 패배는 일종의 자극제가 되어 스포츠 활동에 더욱 몰입하도록 만들기 때문이다. 많은 사람이 다음 시합에서의 복수를 꿈꾸며 연습에 매진한다. 매년 새로 시작되는 프로 스포츠의 시즌제는 이 복수의 기회를 제도화한 장치다. 몇십 년 동안 변화 없이 반복되는 똑같은 형식의 경기에 매년 많은 사람이 환호를 보내는 것은 이런 측면에서 설명될 수 있다. 흔히 스포츠를 인생의 축소판이라고 부르듯 도전과 응전이 되풀이되는 시즌의 반복도 이 축소된 인생의 경기를 함축한다.

보통 사람들이 평소 즐기는 대부분의 스포츠 활동은 대체로 무형의 즐거움을 위해 이루어지지만 소수의 사람은 이를 통해 돈을 버는 즐거움을 누리기도 한다. 특히 프로 스포츠가 발전하면서 스포츠에 걸린 돈의 규모가 워낙 커지다 보니 스포츠만 잘해도 단기간에 누구 못지않은 부를 누릴 수 있게 되었다. 매년 프로 스포츠의 신인 드래프트에서 앞 순위에 지명된 선수의 계약금이 엄청나게 많다는 사실은 선수는 물론 팬이나 수용자에게도 환상적인 즐거움을 제공해준다. 물론 그런 기회는 극히 제한되어 있는 것이 사실이지만 많은 사람에게 환상을 심어주기에는 부족함이 없다. 유명 인사가 된 스타 선수의 호사스러운 생활은 비참한 생활을 영위하는 많은 사람에게 자극제가 된다. 오늘의 고통이 가져다줄 수 있는 잠재적 즐거움은 현실의 고통을 이길 수 있는 커다란 추진력이 되는 것이다.

한편 스포츠 활동은 심리적인 만족감을 주기도 한다. '스포츠는 건전한 활동'이라는 이데올로기는 스포츠 활동에 참여하는 사람들을 편안하게 하고 자기 만족감을 느낄 수 있도록 해준다. 특히 현대 사회처럼 다종다양한 질병이 끊임없이 새로 발견되고 건강하지 않은 환경에 대한 우려가 높은 사회에서 스포츠 활동에 대한 참가는 이 불안감을 해소하는 작은 피난처가 될 수 있다. 운동의 이점을 설파하는 각종 대중 매체의 기사들이 이를 부추긴다. 대중 매체의 건강 관련 기사에서 빠지지 않는 내용이 바로 규칙적인 운동의 이점이며, 이 때문에 규칙적으로 운동하는 사람은 건강에 대한 불안감을 떨쳐버릴 수 있는 훌륭한 근거를 가질 수 있다. 게다가 규칙적으로 운동하는 사람이 비교적 소수이고 중도에 운동을 포기하는 사람이 많다는 점이 규칙적인 운동을 하는 사람에게 미묘하게나마 다른 사람에 대해 우월감을 느낄 수 있게 해주기도 한다. 많은 사람이 운동의 고통을 무릅쓰고 기를 쓰며 운동에 매달리는 데는 이런 우월감을 느끼고 싶은 욕구가 적잖이 작용한다.

지금까지 설명한 즐거움의 형태가 스포츠 활동에 참여함

으로써 느끼게 되는 즐거움인데 비해 현대 사회에서 찾을 수 있는 좀 더 지배적인 형태의 즐거움은 스포츠 관람에 있다. 물론 참여자가 느낄 수 있는 즐거움 중에는 관람자가 얻을 수 없는 것도 있다. 육체를 움직임으로써 얻는 즐거움이라든지 스포츠 활동을 통해 수입을 얻는 것, 심리적 만족감 등은 실제 스포츠 활동에 참여해야만 누릴 수 있다. 하지만 일부 영역에서는 참여자와 관람자의 즐거움이 상당 부분 중첩되기도 한다. 경쟁이 주는 즐거움이나 경쟁에서 승리를 통해 얻을 수 있는 즐거움은 실제 경기에 참여하지 않더라도 열성적인 팬이라면 누구든지 느낄 수 있다. 이외에도 특별히 스포츠 활동의 관람자가 경험할 수 있는 즐거움이 있다.

첫 번째 즐거움은 일종의 미적인 차원에서 찾을 수 있다. 수준 높은 경기 또는 고난도의 플레이를 보면서 느낄 수 있는 즐거움이 그렇다. 스포츠에 대한 미적 감식안은 일반적으로 스포츠 활동에 얼마나 열심히 참여했는지에 비례한다. 평소에 스포츠 활동을 전혀 하지 않는 사람은 상대적으로 경기의 수준이나 특정 플레이의 질을 평가하는 데 서툴를 가능성이 높다. 또한 직접 경기에 참여하지 않더라도 서적이나 관련 자료를 살펴봄으로써 갖가지 기술에 대한 정보를 얻기도 한다. 언뜻 보았을 때 마치 아무런 기술 없이 마구잡이로 싸움을 벌이는 것 같은 이종 격투기 경기에서 선수들이 구사하는 다양한 기술을 감식할 수 있으려면 수용자 편에서 어느 정도 노력을 기울일 필요가 있다.

하지만 또 하나 지적해야 할 것은 이런 즐거움을 느끼는 정도가 계층별로 심하게 편향되어 있다는 점이다. 일반적으로 스포츠에 대한 미적 인식은 상층 계급에서 두드러진다. 반면 하층 노동 계급은 경기의 질보다는 결과에 더 많은 관심을 쏟는 경향이 있으며 스포츠를 미적으로 감식하는 것에는 별다른 흥미를 느끼지 못한다. 그들이 가장 큰 관심을 보이는 것은 바로 내가 응원하는 팀이 승리했느냐의 여부다. 그러나 이들도 스포츠의 미적 인식을 완전히 포기하는 것은 아니며 다만 분석의 깊이가 다소 떨어질 뿐이다.

관람자들이 느낄 수 있는 두 번째 종류의 즐거움은 팬으로서 느끼는 즐거움이다. 팬이 된다는 것은 특정한 하위 문화를 공유하는 것을 뜻하며 이를 통해 특정한 종류의 즐거움이 생겨나기도 한다. 이 즐거움은 집단에 대한 소속감에서부터 외부에서 알지 못하는 요소를 공유하고 있다는 것에서 오는 즐거움에 이르기까지 다양한 범위에 걸쳐 있다. 많은 팬이 자신이 응원하는 팀이나 특정 선수의 유니폼을 착용함으로써 동일시를 표명하며 동시에 같은 유니폼을 착용하고 함께 응원하는 다른 팬과 일체감을 느낀다.

스포츠 이데올로기와 즐거움은 서로 연관되어 보완적인 역할을 수행한다. 스포츠 이데올로기의 강력한 효과 때문에 스포츠 활동은 더욱 즐거운 것이 되며 스포츠가 주는 즐거움이 스포츠 이데올로기를 좀 더 쉽게 받아들이도록 만들기 때문이다. 스포츠가 일단 즐거운 것이라는 사회적 의미를 획득하게 되면 그 자체가 하나의 이데올로기가 되어 사회 성원에게 부과된다. 그런 사회에서는 남으로부터 괴팍한 사람이라는 평가를 받지 않으려면 개인적 취향과 무관하게 스포츠 활동에 관심을 갖고 그에 참가하는 것이 즐겁다는 듯 행동해야 한다. 지난 2002년 월드컵 기간 중에 누군가 '나는 평소 축구를 그다지 좋아하지 않아서 이번 월드컵에도 아무 관심이 없어'라고 말했다고 생각해보자. 금방 '당신도 한국인이야?'라는 극단적인 표현이 되돌아왔을 것이다. 이처럼 자연스럽게 스포츠에 대한 개인의 정서는 집단의 강제에 굴복하게 된다.

3. 경쟁하는 의미의 장으로서의 스포츠

스포츠의 의미를 논의할 때 빠뜨리지 말아야 할 요소는 스포츠의 의미가 단일하거나 고정된 것이 결코 아니라는 점이다. 이는 일반적으로 스포츠 전체의 의미에 적용되지만 개별 종목의 의미에도 마찬가지로 적용된다. 스포츠의 의미가 강제력을 지니고 있다는 지적을 한 바 있지만 그렇다고 해서 이 강제력이 항상 완벽한 효과를 발휘하는 것은 아니다. 각각의 사회 집단은 자신들 나름의 의미를 지배적 의미로 만들기 위해 서로 경쟁을 벌이며, 스포츠의 의미는 궁극적으로 이런 노력들이 타협되어 형성된 결과라고 할 수 있다.

스포츠의 일차적 의미는 스포츠 이데올로기와 개별 종목의 규칙 차원에서 결정된다. 스포츠는 순수한 것이며 건전한 신체 활동이라는 이미지가 그런 방식으로 형성된다. 또한 격렬한 스포츠와 부드러운 스포츠, 남성적 스포츠와 여성적 스포츠, 상류층 스포츠와 노동 계급 스포츠 사이의 구분도 이 차원에서 마련된다. 실제 운동의 강도와 무관하게 권투나 이종 격투기가 탁구나 배드민턴, 볼링 등에 비해 더 격렬한 스포츠라는 점에는 누구도 이의를 제기하지 않을 것이다. 마찬가지로 상류층이 선호하는 스포츠와 노동 계급이 즐기는 스포츠도 외적으로 뚜렷이 구분된다. 따라서 이 차원의 의미는 비교적 객관적으로 규정된다. 이는 바르트가 분석한 기호 의미의 두 가지 차원 중 외연적 의미denotation에 해당하는 것이라고 할 수 있다.

그러나 이 외연적 의미가 특정한 내포적 의미connotation와 결부되는 방식은 결코 객관적인 요인에 의해서만 결정되는 것이 아니다. 동일한 스포츠가 여러 가지 요인의 작용에 의해 야만적 스포츠라는 부정적 의미를 지닐 수도 있고 남성적 스포츠라는 긍정적 의미를 부여받을 수도 있다. 축구와 같이 시기에 따라 또는 사회에 따라 의미가 변화하는 사례도 심심치 않게 발견된다. 이런 사례는 스포츠의 의미가 고정되어 있는 것이 아니라 끊임없이 변화한다는 점을 확인시켜 준다.

스포츠의 의미를 결정하는 데 일차적 힘을 발휘하는 것은 국가, 대중 매체, 상층 계급 등이다. 이들은 스포츠 활동의 틀을 적극적으로 만들고 규칙을 제정하며 스포츠의 특정한 의미를 정립하여 확산시킨다. 특히 대중 매체는 소수의 사람들만이 즐기던 스포츠를 대중적 스포츠로 변화시키는 데 일등공신이 된다. 대중 매체는 특정 스포츠를 즐기는 사람들의 의식에 잠재되어 있는 의미를 구체적인 형태로 형상화하여 하나의 서사narrative로 구성해냄으로써 광범위한 수용자에게 퍼뜨리는 역할을 담당한다. 물론 앞에서 지적한 바 있듯이 대중 매체가 이런 역할을 하는 이유는 상업적 이유에서다. 새로운 문화적 흐름을 재빨리 포착하여 대중의 취향을 적절히 조직해낼 때 더 많은 수용자를 확보할 수 있기 때문이다. 이렇듯 스포츠의 의미는 대중 매체에 의해 대중적으로 확산된다.

그런데 스포츠의 대중적 확산 과정은 동시에 의미의 변형 과정 또는 정교화 과정이기도 하다. 처음에는 그저 신기한 이색 스포츠로 소개되던 것이 이 과정에서 새로운 의미를 부여받는다. 예를 들어 인라인 스케이트는 달리기의 70퍼센트에 이를 만큼 운동량이 많다는 주장에 힘입어 다이어트에 효과적인 운동으로 새롭게 부각되었다. 이 예에서 짐작할 수 있듯이 스포츠의 의미는 당대의 의제와 일치하도록 만들어지는 것이 보통이다. 마치 19세기 중반 영국에서 축구가 처음 대중화될 때 남성적 스포츠라는 이미지가 전면에 부각되고, 19세기 말 미국에서 미식축구의 대중화에 힘썼던 사람들이 미식축구의 과학성을 강조했던 것처럼 말이다. 이와 유사하게 오늘날 우리 사회에서 인라인 스케이트는 가장 대표적인 다이어트 운동인 달리기에 대한 대체 스포츠라는 이미지로 정립되었다. 이 과정에서 인라인 스케이트의 옹호자들이 추가로 강조했던 점은 달리기를 할 때 쉽게 느끼기 어려운 속도감과 재미였다. 더불어 그런 인라인 스케이트의 속성은 현재 우리 사회가 가장 절실히 추구하는 가치 중 하나인 젊음과 연결되었다.

인라인 스케이트는 현재 대중화의 초기 단계에 있는 것으로 판단된다. 동호회가 급격하게 늘고 있고 국내 최초로 인라인 스케이트 대회까지 개최되고 있지만 여전히 인라인 스케이트를 즐기는 사람은 소수에 불과하기 때문이다. 이러한 사실은 인라인 스케이트가 과거 어린이 놀이였던 롤러스케이트에서 유래했다는 점과 밀접한 관계가 있다. 이 때문에 권위주의적 전통이 강한 우리 사회에서 인라인 스케이트는 다른 극한 스포츠에 비해 훨씬 더 안전하고 난이도가 높지 않음에도 불구하고 기성세대의 중심으로 파고들기에는 다소 어려움이 없지 않다. 덧붙여 인라인 스케이트가 비교적 저렴한 운동이라는 점도 인라인 스케이트의 의미에 일정한 영향을 미칠 것이다. 즉 인라인 스케이트가 소수의 스포츠로 남아 있는 한 이색적인 스포츠의 이미지를 간직할 수 있지만, 인라인 스케이트를 즐기는 사람들이 많아질수록 오히려 싸구려 스포츠라는 의미가 전면에 부상할 가능성이 높다. 결국 인라인 스케이트가 이색적인 스포츠의 범위를 넘어 대중적으로 널리 확산되기에는 어느 정도 한계가 있다는 것이다.

그러나 어떤 스포츠는 좀 더 광범위한 대중성을 획득하기도 한다. 이와 관련된 대표적인 예로 골프를 들 수 있다. 1990년대 중반까지만 하더라도 우리 사회에서 골프는 전형적인 사치 스포츠로서 사회적 비난을 받았다. 이런 사회적 인식 때문에 당시 대통령이던 김영삼 대통령은 취임과 함께 골프를 치지 않겠다고 선언하기도 했다. 물론 골프의 이러한 이미지는 골프를 즐기는 사람 스스로가 일정 정도 바라던 것이기도 했다. 골프가 소수만이 향유할 수 있는 스포츠로 설정됨으로써 일종의 특권 의식을 느낄 수 있기 때문이다. 하지만 그러한 의미에는 다소 수정이 필요했던 것도 사실이다. 골프가 사치스러운 스포츠라는 의미가 극단화된다면 오히려 사회적으로 배척의 대상이 될 수 있다. 이 때문에 골프의 사회적 의미를 변화시키기 위한 일련의 노력이 펼쳐졌으며 그 결과 지난 몇 년 사이에 골프의 사회적 이미지는 급격히 변하기 시작했다. 거기에는 미국 프로 골프에서 탁월한 성과를 거둔 최경주, 박세리, 김미현 등 스타들의 활약이 우리 국민의 자존심을 높여준 점이 크게 기여했다.

하지만 더욱 중요한 요인은 골프를 주로 즐겼던 상류층의 집요한 선전이다. 한편으로 그들은 '신사의 운동', '정신 집중의 운동' 등 긍정적 이미지로 골프의 사회적 의미를 바꾸고자 애썼으며 다른 한편으로는 골프가 이미 대중 스포츠가 되었다는 점을 집요하게 부각시키려 했다. 그런 노력의 일환으로 2003년 초에는 골프를 즐기는 사람이 1,000만 명을 넘어섰다는 보도가 나오기도 했다. 1,000만 명이라는 수치는 전국에 산재한 수많은 골프장을 이용한 모든 이용객의 누계이므로 실제 골프를 즐기는 인구는 훨씬 적은 규모에 지나지 않는데도 그런 점은 전혀 부각되지 않는다. 결국 골프는 상류층 스포츠라는 의미를 여전히 간직한 채 대중성이라는 외피를 그에 덧붙임으로써 반사회적이라는 이미지를 털어낼 수 있었다. 최근 중상류층에게까지 골프가 운동의 대명사, 말하자면 운동이라고 하면 곧 골프를 가리킬 정도로까지 변화한 데에는 이런 노력이 기반이 되었다고 할 수 있다.

한 스포츠의 대중적 확산 과정이 의미의 변형 과정이기도 하다면 영국에서 19세기 말에 발생한 축구의 의미 변화는 그 다음 단계를 보여준다. 본래 상류층의 남성성을 과시하는 수단으로 사용된 축구가 노동 계급이 적극적으로 참여하면서 그 독점적 성격을 잃어버리게 된 것이다. 1883년은 축구의 대중화 과정에서 분수령을 이룬 해다. 1883년 FA컵 결승에서 노동 계급 선수로 구성된 프로 팀 '블랙번 올림픽'이 퍼블릭 스쿨 출신의 아마추어로 구성된 '올드 이토니언'을 2대 1로 꺾고 축구의 주인이 노동 계급임을 선언한 것이다. 이제 축구는 더 이상 소수 엘리트의 스포츠가 아니었다. 이후 축구에 대한 상류층의 관심이 급격히 떨어지면서 축구는 전형적인 노동 계급 스포츠로 정립된다.

노동 계급은 상류층이 축구에 부여했던 남성성의 이미지를 계속 유지하려고 노력하지만 그 의미는 끊임없이 야만성과의 경계에 자리잡게 된다. 남성적 스포츠라는 우호적인 의미에서 야만적 스포츠라는 경멸적 의미로의 전이가 일어나게 된 것이다. 동물 행동 학자 모리스Desmond Morris가 축구를 원시 사냥과 가장 유사한 스포츠로 설명한 데는 아마 이런 의미 변화가 영향을 미쳤을 것이다. 마찬가지로 축구에서 훌리건이 중요한 사회 문제로 부각되고 그에 대해 엄격한 처벌이 가해지는 데서도 사회적 의미 변화의 영향을 찾아볼 수 있다. 19세기 중반에 그랬듯이, 만일 축구가 지금까지 상류층의 스포츠로 남아 있었다면 그런 폭력성은 오히려 남성성을 더욱 돋보이게 만드는 것으로 찬양되었을 가능성도 적지 않다.[89]

이처럼 특정 스포츠의 사회적 의미는 규칙과 스포츠를 즐기는 사람들, 대중 매체의 역할 등이 어우러져 구성된다. 다른 부문에서도 그렇듯이 이러한 의미의 결정 과정에서 상류층은 하층 계급에 비해 훨씬 커다란 영향력을 지니고 있다. 구매력 있는 수용자를 추구하는 대중 매체가 상류층이 추구하는 스포츠의 의미를 널리 확산시키는 데 주력하기 때문이다. 하지만 그들의 영향력이 절대적인 것은 아니다. 이는 더 많은 수용자를 추구하는 대중 매체의 속성에도 원인이 있지만 대중의 절대적인 수가 지닌 힘도 무시할 수 없기 때문이다. 축구의 의미가 여전히 남성성과 야만성의 축 사이를 왕복하고 있는 것은 상류층의 영향력과 대중의 수의 힘이라는 두 힘 사이의 팽팽한 긴장을 암시한다. 이런 방식을 통해 스포츠의 의미는 타협의 과정을 겪을 수밖에 없다.

제 4 장 ——— 중산층,
자기 통제,
마라톤

이제 지금까지의 논의를 바탕으로 하나의 스포츠를 골라 그 의미를 상세하게 분석해보도록 하자. 이 책에서 선택한 스포츠는 마라톤 또는 좀 더 일반적으로 말해 달리기다. 지난 몇 년간 우리 사회에서는 이른바 붐이라고 부를 수 있을 만큼 마라톤을 즐기는 사람이 급격히 늘어났다. 1936년 베를린 올림픽에서 손기정 선수가 금메달을 딴 이래 마라톤은 항상 우리 국민에게 중요한 스포츠로 자리하고 있었다. 그러나 축구, 야구, 농구 등 구기 종목에 밀려 대중적 인기는 높지 않았으며 실제로 마라톤을 즐기는 사람은 더욱 소수에 지나지 않았다. 그렇다면 2000년 즈음에 우리 사회에 갑자기 마라톤 열풍이 분 이유는 무엇일까? 이 점을 이해하기 위해서는 1970년대에 마라톤 붐을 경험한 적이 있는 다른 나라, 특히 미국의 경험을 참조해볼 필요가 있다.

반환점을 지나자 발바닥과 발목에서부터 서서히 피로감이 느껴지기 시작한다. 보통 사람이 아무런 사전 준비 없이 뛸 수 있는 한계가 대략 20km 정도라고 했던가? 지난 2개월 동안 나름대로 연습을 했다고는 하지만 20km도 여전히 그리 만만한 거리는 아니다. 다음 급수대의 모습은 아직 눈에 들어오지 않는데, 멀기만 한 나머지 반의 길이 아득하게 느껴진다.

예순이 넘었음직한 할머니 한 분이 조금 앞에서 달리고 있다. 다시 마음을 가다듬으며 할머니를 지나친다. 순간 할머니가 나를 보더니 소리친다. "젊은이, 아직 쌩쌩한데……." 문득 오래전에 보았던 영화 〈빠삐용〉의 한 장면이 떠오른다. 이발을 하기 위해 감방 문에 만들어놓은 작은 구멍으로 고개를 내민 빠삐용에게 옆 독방에 갇혀 있던 늙은 죄수가 자신의 모습이 어떠냐고 물어보던 장면 말이다. 나는 흔쾌히 할머니의 거울이 되어준다. "아주머니도 끄떡없으시네요!"

마라톤은 요즘 우리 주변에서 가장 흔히 접할 수 있는 스포츠 중 하나다. 불과 10여 년 전까지만 하더라도 마라톤 중흥을 위한 육상계의 거듭된 호소에 그저 냉소적 눈길만 보내던 사람들이 이제는 너도나도 자발적으로 '검프족' 대열에 합류하고 있다. 주택가의 학교 운동장과 도로, 공원 등에는 날이 갈수록 달리기를 즐기는 사람들이 늘어나고 있으며, 이들의 열기를 수용하기 위해 크고 작은 마라톤 대회의 수도 급격히 증가하고 있다. 1990년대 초까지는 연중 신문사가 주최하는 전통적 마라톤 대회 몇 개만 개최되고 그나마 일반 시민들이 참여하는 시민 마라톤은 거의 없던 우리나라에서 요즘은 5km, 10km, 하프 마라톤 등을 포함해 계절을 가리지 않고 매주 평균 두 개가 넘는 마라톤 대회가 열릴 만큼 마라톤이 성황을 이루고 있다. 아무리 많은 사람이 함께 뛰더라도 결국 혼자 가야 할 42.195km의 먼 길을 왜 사람들은 자원해서 뛰려고 나서는 것일까? 게다가 최근에는 마라톤만으로 성이 차지 않는 사람들을 위해 마라톤과 수영, 사이클을 혼합한 철인 3종 경기나 100km를 뛰는 울트라 마라톤까지 성행하고 있다. 평소에는 가까운 거리조차 자동차 없이는 움직이려 하지 않는 사람들이 이 '자발적인 고통'을 통해 얻으려 하는 것은 과연 무엇일까?

1. 마라톤에 대한 취향

따지고 보면 우리 사회에서만 이처럼 마라톤이 큰 인기를 누리고 있는 것은 아니다. 미국인은 다른 나라 사람이 보기에 기이하게 느껴질 만큼 조깅에 몰두하는 사람들이다. 마라톤에 대한 미국인의 열광은 세계에서 가장 오래된 마라톤 대회(1897년부터 시작된 보스턴 마라톤)와 가장 규모가 큰 마라톤 대회(뉴욕 마라톤)가 공히 미국에서 거행되고 있다는 사실에서도 잘 드러난다.[90] 미국 전역에서는 크고 작은 마라톤 대회가 연중 무려 3,000여 개나 개최된다.

미국인이 동질적인 하나의 집단을 이루고 있는 것은 아니기 때문에 간단히 일반화하기는 어렵지만, 그럼에도 불구하고 두 가지는 비교적 분명한 것 같다. 한 가지는 마라톤을 뛰는 사람들이 주로 중산층[91]이라는 점이고, 다른 하나는 역사적으로 볼 때 이들이 마라톤에 몰입하기 시작한 특정한 시기가 있었다는 점이다.

첫 번째 사실은 나의 개인적인 경험에 주로 기반을 두고 있으며 직관에 많이 의존한 판단이다. 예를 들어 내가 마라톤에 참가했던 도시를 한번 살펴보자. 내가 참가했던 마라톤 대회는 각각 1998년 2월 15일과 1999년 2월 14일에 미국 텍사스 주 오스틴에서 열렸던 제7회와 제8회 모토롤라 오스틴 마라톤 대회로서, 대회 규모 면에서 미국 내 16위를 차지하고 있는 대회였다. 1998년 대회 후 주최 측이 각 참가자에게 나누어준 기록 책자에 따르면, 이 대회에는 휠체어 마라톤과 2인 릴레이, 5인 릴레이 부문을 포함 총 6,161명이 참여했으며 그중 풀코스 마라톤 완주자는 2,319명이었다. 또한 1999년 대회의 총 참가자 수는 5,496명이었고 이중 풀코스 마라톤 참가자는 2,904명이었다.

오스틴은 도시의 중심을 남북으로 관통하는 고속도로를 경계로 주거 지역의 성격이 판이하게 달라지는 도시다. 고속도로의 서쪽은 도심에 있는 주 청사와 주립 대학의 캠퍼스를 경계로 비교적 오래된 부유층 주거 지역이 분포하고 있고 그 바깥의 교외 지역에는 신흥 중산층의 교외 주택가가 활발히 개발되고 있다. 반면 옛 공항 지역을 끼고 있는 동쪽 지역은 흑인이나 근래에 이주한 히스패닉계 이민자가 주로 거주하고 있다. 이 도시에는 도시의 동서를 가로지르는 강을 사이에 두고 그 양안으로 강변 공원이 발달해 있으며, 이 공원을 둘러싸고 강을 따라 총연장 약 16km의 산책로가 조성되어 있다. 평소 이 산책로는 자전거 타기와 산책, 특히 달리기를 위해 시민들이 즐겨 찾는 장소인데 흥미로운 사실은 도시를 남북으로 가로지르는 고속도로에 의해 거의 절반으로 나뉘는 이 산책로의 동쪽과 서쪽이 매우 대조적인 풍경을 보여준다는 점이다. 서쪽편의 산책로는 언제나 운동을 즐기는 수많은 사람들로 북적대는 반면 동쪽편의 산책로에서는 이따금씩 산책로 전 코스를 완주하기 위해 찾아오는 몇몇 사람을 제외하면 사람의 모습을 거의 찾아보기 어렵다. 또 서쪽 산책로를 메우고 있는 달리기 인파 중에서 극소수의 동양인과 가끔 강가를 어슬렁거리는 흑인 노숙자를 제외하면 유색 인종은 거의 눈에 띄지 않는다. 다시 말해 이 산책로를 달리는 사람은 중산층에 속하는 사람일 가능성이 매우 높다.[92]

한편 미국의 중산층이 마라톤에 몰입했던 시기와 관련해서는 마라톤의 대중화라는 역사적 경향을 참조해볼 수 있다. 스트래서J. B. Strasser와 베클런드L. Becklund는 오늘날 세계적인 마라톤 대회로 자리 잡은 뉴욕 마라톤 대회가 1970년에 처음 개최되었을 때 그 참가자 수가 겨우 156명에 지나지 않았다는 점을 지적한다.[93] 반면 1977년에는 이 숫자가 32배 이상 증가하여 5,000명이 되었다.[94] 즉 현재 세계 최대의 마라톤 대회라 불리는 뉴욕 마라톤도 처음부터 대중의 광범위한 참여 속에 개최된 것은 아니었으며 참가자의 수는 1970년대 중반 어느 시점에서 갑자기 폭발적으로 증가하기 시작했다.[95] 또한 이 시기에는 기존의 전통적인 마라톤 대회 외에도 여타 대중 마라톤과 재미삼아 뛰는 달리기fun run가 붐을 이룬 시기이기도 하다.[96] 지난 몇 년간 우리 사회에서 나타난 마라톤 인구의 폭발 현상이 미국에서는 이미 1970년대 중반 이후에 비슷한 양상으로 나타난 것이다.

그렇다면 다음과 같은 질문들을 제기해볼 수 있다. 왜 중산층은 마라톤이라는 스포츠를 선호하는가? 그런 선호가 1970년대 중반(우리 사회에서는 1990년대 말)에 폭발적으로 나타나기 시작한 원인은 무엇인가?

첫 번째 질문과 관련해서는 앞서 여러 번 언급한 바 있는 부르디외의 논의에서 나름대로 시사점을 찾을 수 있다. 부르디외는 19세기 말에 학교의 교과 과정에서 체육의 중요성이 부각되기 시작한 배경에 대해 설명한다.[97] 19세기 말은 경제력을 기반으로 사회적 지위를 높여가던 부르주아가 공식 교육에서도 학교에서 배우는 정통적인 지식을 중심으로 귀족들을 압도하던 시기였다. 귀족들은 이처럼 자신의 사회적 권위를 유지할 기반이 위기를 겪게 되자 공식 교육에서 체육 교과의 중요성을 강조하기 시작했다.[98] 이는 "학교 교육 제도 그 자체 안에 교육에 대한 귀족주의적 교육관을 부과"하기 위해서였다. 이렇게 함으로써 어릴 때부터 체계적으로 신체를 단련해온 귀족들은 가장 귀중한 자본인 "시간의 표지", 즉 어릴 때부터 오랜 기간에 걸쳐 함양해온 육체 활동에 대한 취향 덕분에 공식 교육의 틀 속에서 제기된 부르주아의 위협을 어느 정도 뿌리칠 수 있었다. 어릴 때부터 신체를 단련해 온 귀족들은 체육 교과에서 부르주아보다 월등한 실력을 과시할 수 있었기 때문이다. 즉 스포츠의 선택은 심신의 단련과 같이 단순하고 개인적인 차원을 넘어 특정 계급이 집합적으로 자신이 소유하고 있는 자원을 가장 효과적으로 투자하기 위해 사용하는 전략의 차원에서 이해될 수 있다.

부르디외의 논의는 19세기 말 영국에서 진행되었던 과정, 즉 스포츠에서 노동 계급이 상승하면서 프로페셔널리즘과 아마추어리즘이 분리되고 아마추어리즘의 이상화가 진척된 과정을 포괄하지 못하고 있다는 점에서 일정한 한계를 지니고 있는 것이 사실이다.[99] 그럼에도 불구하고 부르디외의 논의는 스포츠에 대한 취향의 사회적 배분 과정을 짐작할 수 있게 해준다는 점에서 나름대로 유용성을 지니고 있다. 또한 어떤 대상이 지니고 있는 사회적 의미와 특정한 자본 분포를 지니고 있는 계급의 전략 사이의 연계에 대한 부르디외의 통찰은 마라톤과 중산층 사이의 연결 고리를 탐색하고자 하는 시도에 나름의 시사점을 제공해준다.

한 가지 아쉬운 점은 부르디외가 사회적 행위자 스스로 명시적으로 표명한 취향의 기반이 지닌 허구성을 폭로하고 미적 가치의 면에서 각각의 취향이 지닌 상대성을 강조하는 데 주로 초점을 맞추고 있다는 점이다. 달리 말해 그의 논의에서는 상대적으로 특정한 취향의 대상과 그것을 택하는 계급 사이의 연결 고리에 대한 논의가 소홀히 다뤄진다. 예를 들어 그는 계급에 따라 취향의 특정한 대상을 선택하는 논리에 차이가 있음을 제시하고 있지만 이 논리의 구성 배경, 즉 각 사회 집단의 자본 구성과 역사적 궤적에만 주로 초점을 맞출 뿐, 취향의 대상이 지닌 속성에 대해서는 그다지 많이 논의하지 않고 있다. 그러나 부르디외도 여러 부분에서 언급하고 있듯이 취향의 대상에 대한 선택이 결코 순수하게 자의적인 현상은 아니다. 즉 의미의 사회적 구성을 받아들이더라도 이 과정이 구조주의 언어학에서 가정하듯이 이항 대립에 의해 순수하게 자의적으로 이루어지는 것은 아니며 특정한 의미가 구성될 수 있도록 해주는 대상의 일정한 속성이 존재한다.[100]

기호품의 사회적 의미가 역사적으로 변화하는 과정을 추적하고 있는 쉬벨부시Wolfgang Schivelbusch의 논의가 이 점을 분명하게 보여주고 있다. 쉬벨부시는 특정 기호품이 지닌 사회적 의미의 형성 과정에서 대상의 속성이 일차적인 기반이 됨을 보여준다.[101] 예를 들어 17~18세기 유럽에서 커피는 부르주아의 음료로 소비되었고, 초콜릿은 구체제 귀족의 음료로 소비되었는데 이는 커피가 각성제로 인식되었던 반면 초콜릿은 풍부한 영양가를 지니고 있어 사순절 기간에 먹기에 적당한 음료로 인식되었기 때문이다. 오늘날 우리가 초콜릿을 주로 여성과 어린이의 기호품으로 간주하는 것은 초콜릿을 즐기던 귀족의 몰락과 관계가 있다. 귀족이 몰락하면서 그들이 즐기던 초콜릿도 여성이나 어린이처럼 성인 남성에 비해 열등한 사회적 지위를 지닌 사람들에게 어울리는 기호품으로 격하되었다는 것이다. 이처럼 대상의 사회적 의미가 결정되는 과정은 두 단계로 구분된다. 우선 대상의 특정한 속성에 의해 이 대상과 특정 사회 계급이 결합되는 단계를 들 수 있다. 다음 단계에서는 이 계급이 사회 속에서 차지하는 위치에 영향을 받아 대상의 사회적 의미가 결정된다.

그렇다면 특정 스포츠의 사회적 의미가 결정되는 데서도 비슷한 과정을 생각해볼 수 있을 것이다. 즉 먼저 특정한 역사적 맥락 속에서 스포츠의 속성과 특정 계급의 요구가 서로 일치하여 그 스포츠에 대한 계급의 취향이 발전하고, 그 다음에 계급이 사회 속에서 차지하는 위치에 따라 스포츠에 대한 사회적 이미지가 결정된다는 것이다. 여기서 스포츠의 이미지가 결정되는 데는 그 스포츠를 선택한 계급이 사회 속에서 스포츠의 사회적 의미에 대한 자신들의 계급적 정의를 부과할 능력 또는 권력을 얼마나 지니고 있는지가 큰 영향을 미친다. 즉 특정 스포츠를 즐기는 계급 성원이 그 스포츠에 부여하는 의미와 사회 전반적으로 받아들여지는 의미 사이에는 차이가 있을 수 있다.[102] 다시 말해 특정 계급이 자신들의 의미를 사회적으로 확립할 수 있는 능력은 그들이 지니고 있는 자원에 따라 달라질 수 있으며, 이 점에서 중산층은 스스로 부여한 의미를 사회 전체로 확산시키는 데 비교적 유리한 위치를 차지하고 있다고 할 수 있다.

그렇다면 중산층은 마라톤의 어떤 속성을 취해 그것을 자신의 스포츠로 받아들였으며 그 과정에서 마라톤에 어떤 사회적 의미를 부여했는가? 그리고 그를 통해 중산층이 달성하고자 한 전략적 목표는 무엇인가?

2. 마라톤의 속성

마라톤의 속성을 알아보기 위해서는 뉴욕 마라톤에 대한 보드리야르Jean Baudrillard의 논의에서 출발해보는 것이 좋을 것이다.[103] 그의 책《아메리카*America*》가 마라톤에 대해 체계적으로 논의하고 있는 것은 아니지만 미국 사회에서 마라톤이 인기를 끌고 있는 요인에 대해 나름대로 통찰력을 보여주고 있기 때문이다.

보드리야르에 따르면 마라톤, 특히 시민 마라톤이란 각자가 "혼자서, 심지어 승리하겠다는 생각도 없이" 달리는 것이다.[104] 즉 마라톤은 스포츠가 일반적으로 지니고 있는 호소력인 경쟁의 요소를 별로 지니고 있지 않다. 마라톤에서 굳이 승부의 요소를 찾는다면 그것은 오직 자신이 세워놓은 목표 기록과 그것을 달성하려 애쓰는 과정에서 벌어지는 자신과의 승부일 뿐이다. 따라서 보드리야르는 마라톤의 매력을 "순수하고 텅 빈 형태, 경쟁과 노력과 성공의 프로메테우스적 황홀경을 대체하는 자기 자신에 대한 도전"에서 찾고, 그것이 주는 만족감을 "아무런 중요성이 없는 위업에 의해 야기되는 기쁨"으로 설명한다. 보드리야르에 따르면, 마라톤 참가자가 원하는 것은 오직 하나, 골인 지점의 잔디밭 위로 무너지면서 '나는 해냈다!'라고 한숨짓는 순간을 가질 수 있게 되는 것뿐이다. 그리고 마라톤 참가자는 그 순간 자신이 "더 높은 의식 수준"에 도달했다고 느낀다.[105] 그 짧은 순간의 기쁨을 위해 참여자들은 3시간여의 고통을 감내한다는 것이다.

보드리야르의 논의는 마라톤이 외적 경쟁보다는 자기만족과 자기 확인을 중시하는 운동으로서 그 궁극적인 목표는 더 높은 의식 수준에 도달하는 것이라는 점으로 요약될 수 있다. 그렇다면 이런 식의 논의를 가능하게 해주는 마라톤의 내적 속성은 무엇인가? 다른 스포츠와 비교해볼 때 우리는 마라톤의 독특한 특성으로 다음과 같은 요소들을 생각해볼 수 있다.

먼저 마라톤은 다른 여러 스포츠와 비교해볼 때 매우 저렴한 운동이라고 할 수 있다. 이런저런 장비와 기구가 필요한 다른 운동과 달리 달리기에 드는 비용은 기껏해야 운동화를 좀 자주 사는 정도에 불과하다.[106] 또한 마라톤을 하는 데는 특별한 시설도 필요하지 않은데, 이는 집 근처 운동장, 공원, 도로 등이 모두 마라톤 연습을 할 수 있는 훌륭한 공간이기 때문이다. 따라서 마라톤에는 연습을 위해 특별한 시설을 이용하는 데 들어가는 비용도 들지 않는다. 즉 마라톤은 외적인 과시와는 별로 관계 없는 운동이다.

또한 마라톤은 매우 실용적인 운동이기도 하다. 이는 마라톤을 배우기 위해 특별한 학습 과정을 거칠 필요가 없다는 점과 관계가 있다. 전문적인 선수가 되기 위해서라면 모르겠지만 달리기의 능력은 누구나 어릴 때부터 자연스럽게 습득하고 있는 것으로 특별히 교습을 받아야 할 필요가 없다. 즉 마라톤은 그 기술을 숙달시키기 위해 쓸데없는 비용과 시간을 낭비할 필요가 없는 운동이다.

세 번째로 마라톤은 개인 경기라는 특징을 갖고 있다. 학교에 다니면서 널리 즐기게 되는 여러 가지 팀 스포츠나, 중산층이 많이 즐기는 테니스 등과 달리 마라톤은 굳이 함께할 친구를 찾지 않아도 되는 스포츠다. 친구와 어렵게 약속을 할 필요도 없고 시간을 맞추느라 고민할 필요도 없이 그냥 아무 때나 나가서 뛸 수 있는 것이 바로 마라톤이기 때문이다.[107] 이런 면에서 마라톤은 타인을 의식하지 않는 자기 지향적인 스포츠라고 할 수 있다.

한편 마라톤은 수영, 에어로빅 등과 함께 가장 대표적인 유산소 운동이기도 하다. 마라톤이 현대인들을 괴롭히는 비만을 가장 효과적으로 막을 수 있는 운동으로 꼽히는 것은 장시간 유산소 운동을 통해 몸의 지방 소비를 활성화하는 마라톤의 특성 때문이다.

마지막으로 지적할 수 있는 마라톤의 특성은 단조로움이다. 대부분의 스포츠나 단거리, 중거리 달리기와 달리 마라톤과 같은 장거리 달리기에는 짧은 시간에 폭발적으로 힘을 분출하는 순간이 없다. 대신 마라톤이 요구하는 것은 참을성이다. 한편으로 마라톤은 지루함에 대한 적응을 요구한다. 매일 반복되어야 하는 연습과 그것의 지속 시간이 지루함을 구성한다. 마라톤 자체가 지루한 장정이지만 마라톤을 준비하는 과정 또한 지루함의 연속이다. 저마다 귀에 이어폰을 꽂고 또는 친구와 대화를 나누며 달리기를 하고 있지만 그것이 덜어줄 수 있는 지루함에는 한계가 있을 수밖에 없다. 다시 말해 마라톤을 완주하는 사람은 지루함의 고통을 이겨낸 사람이다.

다른 한편 마라톤을 완주하기 위해서는 자기 체력과 기록에 걸맞게 힘을 적절히 배분할 수 있어야 한다. 축제 분위기에 휩싸여 있는 시민 마라톤 대회의 분위기에 취해 초반에 오버 페이스를 한다면 완주는 불가능하다. 빨리 달리고 싶은 유혹을 뿌리치고, 앞서 달리고 있는 사람들을 무시한 채 처음부터 자신의 페이스를 유지하며 꾸준하게 걸음을 내딛을 수 있는 사람만이 마지막까지 완주할 수 있다. 당장 내 몸에 있는 에너지의 사용을 유보한 채 나중에 쓸 수 있도록 그것을 비축해놓기 위해서는 엄청난 참을성이 요구된다.[108] 마라톤은 최종 순간까지 고른 에너지의 분배를 가장 중요하게 여기는 스포츠라는 점에서 독특하다.

이런 특성들로 인해 마라톤은 통제와 금욕주의 등의 속성을 갖는다.[109] 마라톤은 "시위적인 자살, 즉 광고로서 자살의 형식"으로서 "자신에게서 마지막 한 방울의 에너지까지도 끌어낼 수 있다는 것을 보여주고 증명"하는 것이라는 보드리야르의 냉소적인 설명도 바로 이를 암시한다.[110] 그렇다면 1970년대 미국 사회의 중산층에게 이런 마라톤의 의미가 필요했던 이유는 무엇인가?

3. 중산층은 왜 마라톤을 선택했는가

(1) 사회 구제에서 개인 구제로

미국 중산층의 마라톤에 대한 관심이 증대된 현상에 관해 논의하기 전에 먼저 주목해야 할 사실 중 하나는 1970년대를 전후해 미국 사회에서 단지 마라톤뿐만 아니라 전반적으로 스포츠에 대한 관심이 폭발적으로 증가했다는 점이다. 이와 관련해 크게 두 가지 배경을 생각해볼 수 있다. 하나는 노동 시간이 감소하면서 여가에 대한 관심이 증대했다는 점이다. 미국의 경제학자 쇼어Juliet B. Schor에 따르면, 1940년대에서 1960년대에 이르는 시기는 19세기 중반 산업 자본주의 초창기에 정점에 이른 노동 시간이 점차 감소하여 최저점에 이른 시기다.[111] 이와 함께 1960년대 중반까지 이어진 호황에 힘입어 소득이 증가한 덕분에 여가 산업이 급속도로 팽창하게 되었는데, 이에 편승해 스포츠도 광범위한 인기 산업으로 부각되었다.[112] 이전까지 주로 상류층의 것이던 스포츠가 그 밑의 계급인 중산층에까지 널리 수용되기 시작한 것이다. 미국에서 주요 프로 스포츠가 대중의 인기를 광범위하게 얻으며 확고히 자리를 잡은 시기가 대개 1960년대 중반에서 1970년대 초반에 이르는 시기였다는 점은 이와 관련해 시사하는 바가 적지 않다.

두 번째 배경으로는 1960년대에 활발하게 전개되었던 사회 개혁 운동의 쇠퇴를 들 수 있다. 미국의 역사학자 크리스토퍼 라쉬Christopher Lasch는 그 결과로 1970년대에 사회 구제에서 개인 구제로 방향 전환이 일어났다고 설명한다.[113] 즉 사람들은 정치에서 관심을 돌려 자신을 돌아보는 데 몰두하게 되었으며 이처럼 거의 집착적인 자기중심성에서 '육체의 완성'에 대한 요구가 출현했다는 것이다. 그리고 이는 2차 세계대전 이후에 널리 확산된 건강에 대한 관심과 결합되어 건강에 대한 담론이 폭발적으로 성장하는 계기가 된다. 다이어트 산업과 같이 전문적인 몸매 유지와 관리 산업까지 등장하는 것은 바로 이런 배경에서다.

그러나 전반적인 배경에 대한 이런 방식의 설명이 마라톤과 중산층의 결합이라는 특수한 현상을 모두 해명해줄 수 있는 것은 아니다. 슈나이더와 슈프라이처가 설명했듯이 스포츠에 대한 관심은 계급에 따라 매우 불평등하게 분포되어 있으며, 1960년대 말 이래 중산층 이하의 계층에서 스포츠에 대한 관심이 크게 증대했다 하더라도 단순한 관람에서 벗어나 스포츠에 직접 참가하는 하층 계급의 비율은 매우 낮은 편이기 때문이다.[114] 즉 중산층이 '하는 스포츠', 특히 마라톤에 대해 열광적으로 관심을 기울였던 반면 노동 계급은 주로 '보는 스포츠'에 몰두했다.[115] 끊임없이 자신의 체형에 관심을 갖고 몸 관리에 몰두하는 중산층과, 맥주를 마시며 안락의자에 앉아 게으른 모습으로 주말 스포츠 중계를 시청하는 노동 계급의 전형적 이미지 사이의 차이가 두드러지기 시작했다. 이는 계급에 따른 세부적인 차이를 보지 않고 전반적인 경향에 대해서만 논의할 때 그 의미에 대한 오해를 낳을 수 있음을 보여 준다.

실제로 이러한 경향을 우리는 마라톤을 하는 이유에 대한 기존의 몇몇 설명에서 찾아볼 수 있다. 예를 들어 보드리야르가 보기에 미국인의 마라톤에 대한 몰두는 그들이(보드리야르에게 마라톤은 반드시 중산층의 스포츠는 아니며 미국적인 현상으로 파악된다) 느꼈던 "근거 없는 위협감"과 연결되어 있다. 즉 마치 신경성 거식증 환자처럼 끊임없이 자신이 섭취한 에너지를 게워내는 달리기 주자들은 너무 풍요로운 사회에서 너무 많이 먹은 신성(神性)의 복수를 막기 위해 자발적으로 자신을 훈육하는 데 복종하는 예속자들이다.[116] 쉽게 얘기하자면 내가 너무 많이 먹은 것은 아닐까라는 두려움을 떨쳐버리기 위해 달리기에 몰두한다는 것이다.

이와 유사하게 페더스톤Mike Featherstone은 조깅의 인기를 1920년대 이후 자리잡은 소비문화 속에서 파악한다.[117] 외모가 자아의 반영으로 여겨지는 소비문화 속에서 조깅은 신체 관리가 순조롭게 이루어지고 있다는 것을 보여줌으로써 육체의 소유자가 자신의 육체를 통제하고 있는 듯한 이미지를 부여하는 작용을 한다. 이런 의미에서 "소비문화는 쾌락주의에 의한 금욕주의의 완전한 대체를 수반하지는 않으며", "각

개인에게 상당한 '계산적 쾌락주의'를 요구"한다.[118]

이들의 논의는 현대 미국 사회에서 육체에 대한 통제가 광범위하게 강조되는 배경을 설명해준다. 하지만 이들은 각각의 계급이 이 전반적인 경향에 대해 상이한 반응을 보여준다는 사실에[119] 충분히 주목하지 않음으로써 원인과 효과를 뒤집어 보고 있다. 말하자면 페더스톤은 통제된 육체나 날씬한 육체가 새롭게 이상적인 형태로 출현하게 된 원인에 대해 충분히 설명하지 않는다. 그것은 '젊음=아름다움=건강'이라는 등식 속에서 젊음을 막연히 이상화하는 시대적 분위기와 연관된 것으로 파악되고 있을 뿐이다.[120] 이런 분위기 속에서 사회 성원은 그 흐름에 수동적으로 편입되는 존재로만 파악된다.

반면 앞에서 우리는 사회 계급의 특정한 소비 양식과 그 계급의 사회적 위치가 대상의 의미를 결정하는 데 중요한 영향을 미치는 것을 확인한 바 있다. 말하자면 육체에 대한 통제는 날씬한 육체가 이상적인 것이 되었기 때문에 강조된 것이 아니라 중산층이 육체에 대한 통제를 강조했기 때문에 날씬한 육체가 이상적인 것으로 되어갔다는 것이다. 그렇다면 이제 중산층과 마라톤의 결합을 만들어낸 요인에 대해 좀 더 세부적으로 파고들어가 보도록 하자.

(2) 중산층과 마라톤의 결합

중산층과 마라톤의 결합 과정에서 우리는 세 가지 요소를 찾아볼 수 있다. 먼저 첫 번째는 1960년대의 사회 변화와 베트남 전쟁의 패배, 워터게이트 사건 등으로 상처 입은 미국의 자존심을 회복하고자 하는 욕구다. 나이키의 성공 배경을 설명하고 있는 캐시모어의 말을 빌려보자.

> 미국은 이제까지 전혀 의심해본 적이 없던 군사적, 경제적 우월성이 결국 의문에 처해질 수 있다는 것을 배웠다. 베트남에서의 패배는 추락에 앞서 긍지가 사라진다는 쓰라린 신호였다. 미국이 스스로를 되돌아보았을 때 그곳에는 흐느적거리는 국가, 너무 많이 먹고 너무 적게 운동하며, 편안함을 신성한 권리처럼 받아들이는 시민들이 있었다.121

이런 위기가 도래했을 때 보수적인 가치관 속에서 해결책을 모색해보려 하는 것은 당연한 일일지도 모른다. 그리고 그들의 머릿속에 떠오른 것은 좋았던 옛 시절, 프로테스탄트의 윤리 속에서 확고한 통합성을 유지한 채 근면·성실하게 일하던 초기의 미국이었을 것이다. 그렇다면 이 과정에서 초창기의 미국을 만들어가는 데 중요한 공헌을 했으리라 생각되는 스포츠에 대한 관심도 함께 떠올랐을 것이라고 쉽게 생각해볼 수 있다.122 특히 여러 스포츠 중에서 극기와 자기 통제의 수단으로서 마라톤은 이런 윤리를 되살리는 데 가장 효과적인 수단으로 인식되었을 것이다.[123] "1960년대의 반동적 이데올로기는 운동경기를……'급진분자들에 대항하는 벽을 유지하고 있는 요새'나……'사회를 함께 묶어주는 몇 안 되는 접착제 가운데 하나'로 극구 찬양"했다고 관찰한 라쉬의 분석은 이 시기 보수적인 중산층이 스포츠를 어떻게 생각했는지 잘 보여주고 있다.[124]

두 번째는 1960년대가 단순히 가치관의 차원에서뿐만 아니라 실제로도 새로운 윤리를 요구한 시기였다는 점이다. 2차 세계대전 이후 '미국의 시대'를 구가할 수 있게 해준 풍요로운 확장의 시대는 종결되었다. 1960년대 말의 불황과 뒤이은 오일 쇼크로 인해 소비와 여가의 행복한 시대는 마감되었기 때문이다. 1974년과 1975년 미국 경제의 마이너스 성장 이후 특히 중하위 계층의 실질 임금은 점차 하락하여 1990년대 말까지도 이전의 수준을 회복하지 못했으며 점차 줄어들던 노동 시간도 다시 늘어나기 시작했다.[125] 이런 상황에서 마라톤이 함양하는 인고의 자세는 단순한 장식품으로서가 아니라 실제적으로 요구되는 가치이기도 했다.

세 번째로 새로운 도덕적 분위기를 주도하는 과정에서 중산층이 자신의 지도적 지위를 정당화할 필요성을 느꼈다는 점을 지적할 수 있다. 이 점은 다시 두 가지 측면으로 구분해볼 수 있다. 첫 번째 측면은 소극적인 차원에서 노동 계급과 자신들을 구분하는 것이다. 그리고 이는 베블렌Thorstein

Veblen이 설명하는 과시적 유한을 통해 실현된다.[126] 마라톤에 상당 기간의 준비 과정이 필요하고 그 준비란 매일 일정한 시간을 뛰는 것이라고 할 때 이처럼 뛸 수 있는 여유를 가질 수 있다는 것은 그의 사회적 지위를 과시할 수 있는 한 가지 방식이 될 수 있기 때문이다. 특히 빈부 격차가 심해지면서 소비 수준의 하향 확산에 따라가기 위해 저소득층 사이에 주된 직업 외에 또 다른 직업을 갖는 현상이 확대되고 있는 미국 사회의 현실을 생각해볼 때 4시 이후 공원으로 쏟아져 나와 달리기에 몰두하는 백인 중산층의 모습은 또 다른 직업을 가질 필요가 없는 계층으로서 그들의 위치를 과시하기에 부족함이 없다.[127]

그러나 외적으로 너무 뚜렷하게 드러나는 과시는 도덕성을 강조하는 중산층의 이미지와는 다소 어울리지 않는 것이기도 하다.[128] 마라톤은 이러한 모순을 성공적으로 해소한다. 달리기는 과시의 수단이라는 점에서 볼 때 매우 세련된 수단이기 때문이다. 과시라는 것이 겉으로 잘 드러나지 않는다는 점에서 그렇다. 간편한 옷차림과 운동화만을 갖추고 달리는 사람의 모습에는 그의 지위를 드러내줄 아무런 외적 표지가 드러나지 않는다. 그가 지니고 있는 과시의 수단은 오직 달리기라는, 외견상 중립적인 수단뿐인 것이다. 그럼에도 그는 여전히 효과적으로 스스로를 과시할 수 있는데 이를 가장 직접적으로 보여주는 것이 달린다는 행위 자체이고 이와 함께 그가 과시하는 몸매도 그 수단이 된다. 흔히 우리가 주변에서 발견할 수 있는 이율배반, 즉 열심히 달리기를 하는 사람은 대부분 굳이 달리지 않아도 될 것처럼 보이는 사람인 반면 정작 달리기를 해야 할 사람은 전혀 달리지 않는 상황이 이와 관련 있다. 여기서 몸매는 부르디외가 지적하는 매너의 차이처럼 달리는 사람, 즉 중산층이 오랫동안 자신을 통제해온 존재임을 드러내는 표지가 되는 것이다.[129]

결국 마라톤 또는 달리기를 즐기는 사람의 모습에서 우리가 발견할 수 있는 것은 일종의 과시적 도덕성이라고 할 수 있다. 즉 중산층은 달리는 자신의 모습을 통해 그들의 통제된 생활과 스스로를 통제할 수 있는 능력을 과시하고 있다.[130] 여기서 달리기가 거의 비용을 필요로 하지 않는 운동이라는 점을 다시 한번 지적할 만하다. 즉 중산층의 도덕의식의 기반인 청교도 정신의 기본 요소가 검약이라고 한다면, 마라톤이야말로 중산층에게 가장 매력적인 운동 방식이 될 수 있다. 달리기는 운동에 참여하는 과정에서 사치스럽다는 느낌을 불러일으켜 그야말로 유한적인 운동이라는 점이 적나라하게 드러나는 다른 운동에 비해 중산층의 높은 도덕성을 과시할 수 있는 적절한 도구가 될 수 있기 때문이다.

이제 마라톤과 자기 통제, 또는 그것을 뒷받침하는 요소로서 도덕성 사이의 관계가 분명해진다. 마라톤 대회는 축제를 통해 중산층이 집단적으로 자신의 도덕성을 전시하는 사회적 행사와 다름없다. 마라톤에 참가해 극한까지 자신을 통제하며 행진하고 있는 전사들의 뒤로 수많은 중산층의 구성원이 도덕성이라는 전리품을 수확하고 있는 것이다. 마라톤 대회가 하나의 사회적 축제가 되고 대중 매체의 주된 뉴스거리가 되는 것은 미국 사회에 대한 이들의 지배력을 보여주는 것이나 같다. 즉 대중 매체는 중산층의 개인적 행위에 함축되어 있는 집단적인 전략을 특정한 이미지로 포장해 사회에 전파하는 역할을 담당하고 있는 것이다.[131]

4. 한국의 중산층과 마라톤

지금까지 미국 사회에서 1970년대 이후 마라톤이 중산층의 '하는 스포츠'로 각광받게 된 배경에 대해 논의해보았다. 그렇다면 1990년대 말 이후 우리 사회에 불어닥친 마라톤 열풍에 대해서도 비슷한 논의가 가능할까? 다소의 차이는 있지만 우리 사회에서도 비슷한 요소를 찾아볼 수 있다.

한국 사회에서 마라톤은 흔히 황영조와 이봉주의 올림픽 입상 이후 대중적인 인기를 얻었다고 이야기된다. 그러나 황영조가 금메달을 땄던 때는 1992년이고, 1996년 애틀랜타 올림픽에서 이봉주는 은메달을 땄으며 마라톤이 본격적으로 붐을 이루기 시작한 것은 그보다 한참 후라는 점에서 이런 논의가 정확히 들어맞는 것은 아니다. 오히려 미국에서 대중 마라톤이 확산된 배경을 염두에 둔다면 1997년부터 시작된 IMF 환란에서 마라톤의 대중적 확산을 설명할 근거를 찾아야 할 것이다.

IMF 환란은 중산층의 안정성에 치명적인 타격을 가함으로써 1990년대 중반 과도하게 달아올랐던 우리 사회의 자신감이 급격히 추락하도록 만든 계기였다. 이제까지 비교적 예측 가능한 삶을 설계할 수 있었던 중산층이 소득 하락과 고용 안정성 하락 등으로 큰 고통을 겪게 되었기 때문이다. 일반적으로 사회적 혼란이 급격하게 확산되는 시기에는 그에 위협을 느끼는 중산층에게서 보수적 움직임이 싹터 오르는 경향이 있다는 분석에 비추어보면[132] 우리 사회에서도 그와 같은 움직임을 충분히 예상해볼 수 있다. 1980년대가 중산층이 사회 전반의 민주화 과정에서 상대적인 진보성을 보여준 시기라면, 1990년대 말은 급격한 경제 혼란으로 인해 보수성을 싹틔울 적절한 기반이 조성된 시기라는 것이다.

반면 1980년대를 특징지은 사회 운동의 분위기가 쇠퇴한 상황에서 중산층의 보수적 움직임이 대규모의 사회 운동으로 나타나기는 쉽지 않았을 것이다. 보수 세력이 나름대로 굳건한 기반을 지니고 있는 미국 사회와 달리 극우 세력이 과도하게 팽창되어 있는 우리 사회에는 합리적 보수 세력이 발전할 수 있는 기반이 잘 갖춰져 있지 않기 때문이다. 결국 배경에는 다소 차이가 있을지라도 보수화의 경향은 미국과 유사하게 개인적인 수준의 노력으로 귀결되었을 가능성이 크다. 다시 말해 극우세력의 영향력이 너무 커 합리적인 보수 세력이 집단적으로 자리잡을 여지가 그리 크지 않다 보니 이런 집단의 형성을 포기하고 개인적인 노력에 힘을 쏟게 되었으리라는 것이다. 그리고 이러한 개인적 노력을 경제적인 면에서든 도덕적인 면에서든 가장 효과적으로 이끌어나가고자 했을 때 그 결과가 마라톤에 대한 열광으로 나타나게 되었을 것이다. 최근 우리 사회에서 마라톤의 인기는 이런 맥락에서 설명될 수 있다. 즉 우리 사회에서도 마라톤은 중산층의 개인주의적인 금욕적 도덕성과 밀접하게 연관되어 있다.

지금까지 우리 사회에서 마라톤이 급격한 인기를 얻고 있는 배경에 대해 미국 사회의 사례에 비춰 설명해보았다. 그러나 이 장이 엄밀한 비교 분석의 방법을 취한 것은 아니기 때문에 우리 사회의 마라톤 붐을 설명하기 위해서는 세부적으로 좀 더 세밀히 분석할 필요가 있을 것이다. 이 장에서는 다만 특정 스포츠가 특정 시대에 특정 집단의 선호를 받게 되는 배경에 대해 단지 하나의 설명 방식을 시도해보았을 뿐이다.

이제 마지막으로 한 가지 사항을 더 언급하도록 하자. 지금까지 마라톤의 인기를 중산층의 전략이라는 관점에서 서

술해왔다. 그렇지만 이 전략이 반드시 의식적으로 기획되고 실행되었다고 생각할 필요는 없다. 오히려 개별 의식 차원에서 그것은 건강에 대한 관심이나 여가를 보내는 더욱 생산적인 방법 등의 형식으로 지각되고 있을 가능성이 더 높다. 그러나 주목해야 할 점은 개별적 의식 밑에 깔려 있으면서 중산층 전반에 공통적인 움직임이 나타나도록 만든 사회적 배경이다. 이 배경이 스스로 그 진정한 의미를 의식하지 않으면서도 특정한 전략을 선택하여 실행하도록 중산층을 이끌었다는 것이다. 지금 마라톤을 뛰고 있는 사람들은 그 의미를 정확히 의식하지 못하고 있을지 모르지만, 그럼에도 불구하고 마라톤을 뛰는 개인들이 한데 모여 형성하는 집합적 효과는 우리 사회 전반에 그 흔적을 남겨놓을 것이다.

지금까지 현대 스포츠의 특성과 스포츠가 지니고 있는 다양한 의미를 살펴보았다. 이상의 논의를 통해 스포츠는 결코 순수한 것이 아니며 여러 사회적 변수들과 긴밀한 상호 관계를 맺고 있는 것임을 확인할 수 있었다. 그렇다면 다시 처음의 질문으로 되돌아가보도록 하자. 왜 지금 스포츠인가? 그저 평범한 여가 활동 중 하나에 불과한 스포츠에 왜 그토록 큰 중요성을 부여하는가?

그 이유는 선진 사회와 스포츠가 갖고 있는 상호 친화성 때문이다. 흔히 사회가 선진화될수록 스포츠의 중요성이 높아진다고 하듯이 정치·경제적인 면에서 사회 성원의 만족도가 높고 여가 시간도 풍부한 선진 사회에서는 스포츠를 비롯한 문화 부문에 대한 관심이 급격하게 높아진다. 특히 관람 스포츠를 포함해 스포츠는 선진 사회 시민의 여가 활동 중 가장 대표적인 한 부분을 구성한다. 야구와 농구, 미식축구, 아이스하키 등 4대 프로 스포츠에 대학 농구와 대학 미식축구 경기 등이 연중 꼬리를 물고 이어지면서 시민에게 잠시도 긴장의 끈을 놓을 틈을 주지 않는 미국 사회의 현실이 이를 증명한다. 평균적인 미국 가정이 수신하는 약 33개의 텔레비전 채널 중 많을 때는 무려 10개의 채널이 각종 스포츠 중계에 할애되며 이 중계들을 모두 합해보면 매년 8,000개가 넘어 하루 22개꼴의 스포츠 중계가 방영된다고 한다.[133] 직접 경기장에 나가 시합을 지켜보는 사람의 수만 해도 연간 메이저 리그 야구가 대략 7,000만여 명, NFL이 3,000만여 명, NBA가 2,000만여 명이 넘으며 경기당 평균 관중 수도 NFL이 6만 1,000여 명, 메이저 리그가 3만여 명, NBA가 만 7,000여 명에 이른다. 이렇듯 미국을 비롯한 선진 사회에서 스포츠는 가장 지배적인 여가의 형태 중 하나로 자리잡고 있다. 스포츠 산업에 비하면 현대인의 대표적인 여가 활동으로 꼽히는 영화, 책, 음반, 여행 등은 규모 면에서 스포츠의 상대가 되지 않는다.

그런데 주목해야 할 점은 선진 사회의 안정성과 스포츠 사이의 관계가 전적으로 일방향적인 것은 아니라는 점이다. 따지고 보면 선진 사회의 안정성은 상당 부분 스포츠의 인기에 힘입고 있기 때문이기도 하다. 그렇다고 선진 사회의 안정성과 스포츠의 인기를 연결시킬 때 이 책에서 염두에 두는 것이 이른바 3S 산업(섹스sex, 스포츠sports, 스크린screen)이 선진 사회 시민들의 의식에 미치는 영향과 같이 조야한 차원의 것은 아니다. 사실 스포츠는 훨씬 더 깊은 의미에서 현대인의 의식에 영향을 미치고 있다.

하나의 제도로서 스포츠의 기반은 현대 사회에서 생산과 여가가 분리되고 여가가 자립화됨으로써 마련된 것이라고 할 수 있다. 마찬가지로 우리가 알고 있는 스포츠 역시 이와 유사한 현대의 산물이다. 이는 스포츠가 오랜 기간에 걸쳐 인간의 행위가 합리화된 결과로 생겨난 것이라는 의미를 함축한다. 규칙 지배적 행위로서 스포츠의 출현은 인간이 자신과 사회에 대한 엄격한 통제를 발전시켜온 과정 속에서 해석될 수 있다. 스포츠를 한다는 것은 우리가 특정한 규칙 체계 속에 자발적으로 자신을 밀어 넣고 그에 맞게 스스로를 통제하는 과정이라고 할 수 있다. 단지 관중으로서 스포츠에 참여할 때도 마찬가지다. 관중은 규칙이라는 코드에 따라 선수의 행위를 해석하며 관중 스스로도 특유한 행위의 규범을 따르며 스포츠를 관람한다. 즉 스포츠 활동에 참여하는 것은 인위적으로 형성된 하나의 규범 속으로 자신을 집어넣는 것이며 자발적으로 통제를 받아들이는 것과 다름없다.

스포츠가 함축하고 있는 통제의 측면은 노동과 여가 사이의 관계를 해석하는 데 많은 시사점을 준다. 일반적으로 여가는 순전히 비생산적 행위이며 자유의 영역에 속하는 것으로 정의된다. 하지만 여가가 정말 순수한 자유의 영역에 속하는 것일까? 여가가 본래 생산의 논리에 대한 대립점으로 출발했던 것은 분명하다. 하지만 현대 사회가 발전하면서 여가 역시 점차 생산의 논리에 포섭되고 있다. 순수한 자유 시간이 점차 조직된 시간으로 바뀌고 있을 뿐 아니라 생산 현장에 적용되는 것과 유사한 경쟁의 논리가 여가의 내용까지 일정하게 규정하고 있는 것이다. 스포츠의 발전 과정은 여가의 이런 변화를 전형적으로 보여주는 예다.

현대 스포츠의 발전 과정은 여가 활동으로서 스포츠가 생산의 논리에 따라 재조직화되는 과정이기도 하다. 중세까지의 스포츠가 지니고 있던 자발성은 현대 스포츠의 등장과 함께 점점 사라져가고 있다. 합리화된 조직에 의한 스포츠 운영, 최대의 기량을 짜내도록 면밀히 계산된 준비 과정, 엄밀한 결과 측정 등이 모두 스포츠에 도입된 생산 논리의 요소다. 모든 형태의 여가가 어느 정도 생산의 영역에서 작용하는 원리에 따라 조직되어 있지만 스포츠는 그 원리를 가장 극단적인 형태로 실현하고 있다. 그런 식으로 스포츠는 그것을 즐기는 선진 사회의 시민을 생산의 논리에 만족하는 시민으로 주조해낸다.

특기할 점은 선진 사회에서 이런 포섭이 대부분 외적 강제가 아니라 자발적인 참여에 의해 달성된다는 것이다. 그리고 그것이 바로 선진 사회가 겉으로 보여주고 있는 안정성의 기반이기도 하다. 그렇다면 억압적인 체제의 논리를 특히 그 억압의 가장 큰 피해자들이 흔쾌히 받아들이도록 만드는 요인은 무엇일까? 그를 가능케 하는 한 가지 매개 요인으로 즐거움이라는 것을 들 수 있다. 그것은 억압적인 체제 논리에 포섭되는 과정에서 느낄 수 있는 즐거움의 요소다. 이 즐거움의 매개를 통해 선진 사회의 시민은 굳이 국가의 외적 강제가 없더라도 체제의 논리에 자발적으로 포섭된다. 나아가 스스로 포섭을 촉진하는 제도를 만들기도 한다.

여러 선진 사회에서 즐거움은 크게 두 부문에서 제공된다. 할리우드식 연예 산업이 한 부문을 구성한다면 스포츠가 다른 부문을 구성한다. 연예 산업이 하우크Wolfgang F. Haug가 설명하는 이른바 "감성의 관료 체제"를 구축하는 데 공헌한다면,134 스포츠는 "육체의 지배 관료 체제"를 작동시키는 데 기여한다. 그러나 이들의 작동 과정에는 외견상 전혀 억압의 요소가 개입하지 않는다. 할리우드가 한때 좌익 영화 제작자들을 솎아낸 적이 있고 초기 조직 스포츠가 교육 과정을 매개로 일부 하층 계급 청소년에게 강제로 부과된 적은 있지만 기본적으로 두 영역에 대한 참여는 즐거움을 따른다는 점에서 자발성의 외양을 띠고 있는 것이다.135 이처럼 자발적인 참여를 이끌어내는 즐거움의 매개를 통해 우리는 육체적·정서적으로 체제에 적합한 시민으로 스스로를 구성해가는 것이다.

스포츠와 체제 사이의 밀접한 연계가 선진 사회에만 특유한 것은 아니다. 현대화가 전 세계적 차원으로 확대되면서 스포츠 역시 세계화되고 있다. 스포츠의 세계화는 현대화의 확산을 반영하는 것이면서 단일한 현대화의 논리가 모든 영역으로 삼투해 들어가는 것을 보여준다. 대부분 영국을 중심으로 발전한 스포츠가 세계화되면서, 어느 정도의 유사성에도 불구하고 기본적으로는 지방적 속성을 다양하게 지니고 있던 전통적 놀이가 소멸하고 스포츠가 그 자리를 차지하게 되었기 때문이다. 전통적인 놀이와 스포츠를 구별 짓는 것은 바로 스포츠가 실현한 이 보편성의 수준에 있다. 스포츠의 보편성은 전 세계가 단일한 현대화의 논리에 따라 조직되고 있음을 보여주는 것과 다름없다.

스포츠의 보편성에서 스포츠는 세계인의 공통어가 된다. 세계 어디를 가든 우리는 같은 규칙 아래 같은 스포츠를 즐기며 동일한 스포츠 영웅에 열광하는 수많은 사람들을 만날 수 있다. 2002년 월드컵을 지켜보았던 60억여 명의 사람들과 2000년 시드니 올림픽에서 겨뤘던 200개 국가는 공통 언어로서 스포츠의 지배력이 어디까지 미치는지 여실히 보여준다. 스포츠는 이념과 민족을 넘어 세계인을 하나로 엮어주는 진정한 끈처럼 보인다. 마치 세계를 단일 시장으로 엮어나가는 자본처럼 스포츠도 세계 어디에서나 통용되는 공통 매개물의 위치를 차지해가고 있다. 그 속에서 우리 국민도 이미 이 공통어의 영향권 안에 깊숙이 포섭되어 있다. 영어 공용화가 논의되기 훨씬 전에 이미 스포츠라는 공용어가 우리 사회 성원들의 일상 언어로 바뀌어가고 있었던 것이다.

하나의 언어로서 스포츠는 언어와 유사하게 특정한 이데올로기적 기능을 수행하기도 한다. 다시 말해 스포츠는 우리가 특정한 틀을 가지고 세계를 경험하도록 만든다. 노력이 중요하며, 최종 결과는 미리 확정되어 있지 않고, 중립적인 규칙 속에서 모두가 공정한 경쟁을 벌인다. 따라서 스포츠에서는 상대방을 이기기 전에 먼저 자기와의 싸움에서 승리하는 것이 중요하다. 집단 스포츠에서조차 성공의 요소는 순수하게 개인적인 요인으로 환원되는 것이다.

스포츠 제도 전체만이 이런 이데올로기적 작용을 수행하는 것은 아니다. 개별 스포츠 역시 나름대로의 방식으로 독특한 사회적 의미망을 형성시킨다. 골프는 흔히 신사의 운동으로, 마라톤은 인간 한계를 넘어서는 운동, 축구는 가장 남성적인 운동으로 간주된다. 개별 스포츠에 부여되는 이런 의미들은 일정 정도 그 스포츠 자체의 특성에 근거하지만 한편으론 그 특성의 어떤 부분을 강조하여 이루어지는 사회적 의미 부여에 근거하기도 한다. 그리고 이런 의미 부여는 특정 사회 집단과 특정 스포츠 사이의 친연성이 형성되도록 만드는 기반이 된다. 즉 특정 스포츠에 대한 우리의 취향은 순수하게 자의적인 것이 결코 아니다.

하지만 언어와 마찬가지로 스포츠에도 일정한 자발성의 여지는 여전히 남아 있다. 동일한 랑그langue의 체계 내에서 무수히 많은 파롤parole이 생겨날 수 있듯이 스포츠의 의미 역시 스포츠를 즐기는 사회 집단에 따라 자동적으로 결정되는 것이 아니다. 오히려 그것은 스포츠가 지니고 있는 잠재적 의미의 스펙트럼과 사회 집단의 요구의 스펙트럼이 서로 겹쳐졌을 때 생겨나는 것이라고 할 수 있다.

다시 말해 상대적으로 자율적인 스포츠의 장과 사회 집단 사이의 세력 관계의 장이 일정한 상황 속에서 서로 접합될 때 특정 스포츠의 특수한 사회적 의미가 생겨난다. 따라서 어떤 스포츠 종목의 사회적 의미가 영원불변한 것은 아니다. 사회 집단의 요구가 변화하면 사회 집단과 스포츠 사이에 존재하던 친연성은 깨지게 되며 스포츠는 다른 사회적 의미를 부여받는다. 마찬가지로 이런 사회적 의미와 무관하게 스포츠의 독특한 개인적 의미가 생성될 수도 있다.

요컨대 연예 산업의 다양한 대중 문화 생산물과 마찬가지로 스포츠도 하나의 텍스트이며 그 의미의 완성은 수용 과정에 크게 의존한다. 스포츠의 의미는 수용 과정에서 항상 일정한 굴절을 겪을 수밖에 없다.[136] 스포츠가 여전히 자발성을 담을 수 있는 그릇이 될 수 있는 까닭은 바로 이런 배경 때문이다.

물론 수용자의 자발성이 전적으로 열려 있는 것은 아니다. 한편으로 수용자의 대응은 이미 존재하는 스포츠의 수용이라는 '이차적 생산'의 한계를 벗어나지 못하며 개별 스포츠 종목의 구조도 이 자발성에 한계를 부여하는 요소로 작용한다. 그러나 통제가 철저할수록 작은 균열도 체계의 안정성에 큰 영향을 미칠 수 있는 법이다. 영화 〈쥬라기 공원〉의 비극은 겉보기에 완벽한 통제 체제 안의 무시할 수 있을 만큼 사소한 틈에서 비롯된 것이 아닌가!

결국 스포츠는 언어지만 그 언어는 복잡한 비유로 가득 차 있다. 이 비유를 제대로 파악하지 못할 때 우리는 스포츠를 순수한 것으로 받아들이거나 그 의미를 지나치게 단순화하는 등의 오해에 쉽게 빠지게 된다. 따라서 우리는 스포츠 언어의 문법에 대해 좀 더 세밀한 관심을 기울일 필요가 있다. 스포츠는 그냥 보고 즐기는 데서 그치기에는 너무 중요하고 또 너무 복잡하기 때문이다.

1   Richard Holt, *Sport and the British : A Modern History*(Oxford ： Oxford Univ. Press, 1989), viii쪽.

2   예술 제도론은 미국의 미학자 조지 딕키George Dickie가 제창한 미학 이론이다. 그에 따르면 예술 작품이란 "1) 어떤 사회 제도(예술계)를 대신해서 활동하는 한 사람 내지는 여러 사람이 감상을 위한 후보의 자격을 수여한 그러한 2) 인공품을 말한다"〔조지 딕키, 《미학입문 : 분석철학과 미학》, 오병남·황유경 옮김(서광사, 1980), 142쪽〕.

3   농구는 1891년 매사추세츠 주에 있는 국제 YMCA 체육학교(오늘날의 스프링필드 대학교)의 교사 네이스미스James Naismith가 겨울에 학생들이 할 만한 운동을 찾아보라는 굴릭Luther Gulick 박사의 지시를 받아 만든 스포츠다. 굴릭은 후에 청소년 교화를 위한 운동장 설치 운동에 앞장섰다. 그에게 교육의 유일한 의미는 학생을 억압하는 것에 있었다고 한다. 굴릭의 활동과 사상에 대해서는 Cary Goodman, *Choosing Sides : Playground and Street Life on the Lower East Side*(New York ： Schocken Books, 1979), 51~55쪽을 참조하라.

4   Adrian Harvey, "Football's Missing Link : The Real Story of the Evo-

lution of Modern Football", *Sport in Europe : Politics, Class, Gender*, (ed.) J. A. Mangan(London : Frank Cass Publishers, 1999)에서 초기 축구의 다양한 모습을 찾아볼 수 있다.

5 물론 제의(祭儀) 역시 고도의 질서를 따르고 있는 현상이기는 하다. 하지만 우리는 제의에서 초월성과의 접합을 경험한다. 즉 제의는 항상 비일상적인 계기를 함축하는 것이다. 그러나 현대의 스포츠에서 이런 비일상적 계기를 찾아보기는 어렵다.

6 영국의 스포츠 사학자 망건J. A. Mangan의 정의에 따르면, 퍼블릭 스쿨public school은 "부유하고 비용이 많이 들며 주로 이사회 체제를 유지하고 있고 국가와 독립되어 있지만 그렇다고 해서 개인이 소유하고 있거나 이윤 추구를 지향하지는 않는" 학교를 가리킨다(J. A. Mangan, *Athleticism in the Victorian and Edwardian Public School : The Emergence and Consolidation of an Educational Ideology*(Cambridge : Cambridge Univ. Press, 1981), 2쪽). 망건은 19세기 교과 과정에 스포츠를 적극 도입했던 퍼블릭 스쿨을 대략 6가지로 나눈다. 첫 번째는 '위대한 퍼블릭 스쿨Great Public Schools'로 역사가 가장 오래되고 유명한 학교들을 지칭한다. 이튼, 해로, 럭비, 웨스트민스터 등 우리에게도 잘 알려져 있는 학교들이 여기에 포함된다. 이 학교들에 뒤이어 19세기에 퍼블릭 스쿨에 대한 수요가 높아지면서 새로운 많은 학교들이 퍼블릭 스쿨의 범주에 포함되기 시작했다. 그중 대표적인 것이 '교파 학교Denominational Schools'로서 가톨릭 계열의 스토니허스트와 감리교파의 킹스우드, 비국교 신교파의 밀힐 등의 학교가 여기에 포함된다. 두 번째는 '사유 학교Proprietary Schools'로서 주주들이 학교의 재정을 떠맡는 대신 학생을 지명할 수 있는 권리를 보유하는 학교이다. 첼튼햄이 효시이며 몰버러, 로살 등의 학교가 여기에 해당한다. 세 번째는 '상승된 중등학교Elevated Grammar

Schools'로 말 그대로 지역의 중등학교가 상류층을 대상으로 하는 등록금이 비싼 전국적 이사회 학교로 변신한 학교들이다. 어핑엄과 셔본 등이 대표적이다. 네 번째는 영국 전역의 국교회파 소속 중산층 학교들의 네트워크가 퍼블릭 스쿨로 변신한 경우다. 랜싱과 허스트피어포인트 등이 여기에 속한다. 마지막으로 '사립 벤처 학교 Private Venture Schools'가 있다. 대개 교장이 단독으로 재정을 담당하고 소유하는 학교를 말한다. 로레토, 머키스턴 등이 이에 해당한다.

7 물론 영국과 같이 전통의 영향력이 강한 사회에서 19세기에 체육의 위상이 급격하게 변화했다고 보기는 어렵다(Richard Holt, *Sport and the British : A Modern History*, 3, 12쪽). 또한 이 시기 퍼블릭 스쿨의 역할을 둘러싸고 논란이 계속되고 있는 것이 사실이다. 이와 관련해서는 James Walvin, *The People's Game : A Social History of British Football*(London : Allen Lane, 1975) ; R. W. Lewis, "The Genesis of Professional Football : Bolton-Blackburn-Darwen, The Centre of Innovation 1878~85", *The International Journal of the History of Sport*, Vol. 14, No. 1(1997년 4월)(London : Frank Cass) ; Adrian Harvey, "Football's Missing Link : The Real Story of the Evolution of Modern Football", *Sport in Europe : Politics, Class, Gender* ; J. A. Mangan·Colm Hickey, "English Elementary Education Revisited and Revised : Drill and Athleticism in Tandem", *Sport in Europe : Politics, Class, Gender* ; John Goulstone, "The Working-Class Origins of Modern Football", *The International Journal of the History of Sport*, vol. 17, No. 1(2003년 3월) 등의 논의를 참조하라. 일반적으로 퍼블릭 스쿨 출신의 스포츠인들이 축구와 같은 스포츠의 규칙 체계를 통일하는 데 중요한 역할을 담당한 것으로 받아들여지고 있지만, 논자에 따라서는 퍼블릭 스쿨 출신

의 사람들이 규칙을 정비하기 전에 이미 나름대로의 체계적인 규칙 체계가 존재했고 이 규칙들이 훗날 통일된 규칙 체계에 많이 반영되었다고 보기도 한다. 특히 하비Adrian Harvey의 글을 참조하라. 그러나 전체적으로 보아 퍼블릭 스쿨의 개혁이 스포츠의 위상 변화에 중요한 계기가 되었다는 데는 의심의 여지가 없다.

8 학생의 통제와 관련된 기숙사 체제의 의미와 양상에 대해서는 J. A. Mangan, *Athleticism in the Victorian and Edwardian Public School : The Emergence and Consolidation of an Educational Ideology*, 146~150쪽을 참조하라.

9 영국의 스포츠 발전 과정 초기에 중요한 역할을 수행했던 교장들 중 대중적으로 가장 유명한 사람은 휴스Thomas Hughes의 고전적인 소설《톰 브라운의 학교 생활*Tom Brown's School Days*》에 등장하는 럭비 학교의 교장 아널드Thomas Arnold다. 그러나 사실 아널드가 체육 활동에 대해 특별히 강조한 적은 없다고 한다. 체육 정신athleticism 을 하나의 이데올로기로 정립하고 확산시킨 이들은 1845년에 해로 의 교장을 맡은 본C. J. Vaughan, 1852년에 몰버러의 교장이 되었 던 코튼G. E. L. Cotton, 1859년 랜싱의 교장이 되었던 월포드Henry Walford, 1862년 로레토의 교장이 되었던 올먼드H. H. Almond 등 이다. 이에 대해서는 J. A. Mangan, *Athleticism in the Victorian and Edwardian Public School : The Emergence and Consolidation of an Educational Ideology*, 16~18쪽을 참조하라.

10 Richard Holt, *Sport and the British : A Modern History*, 113쪽 ; Tony Mason, "Football", *Sport in Britain : A Social History*, (ed.) Tony Mason(Cambridge : Cambridge Univ. Press, 1989), 147쪽 ; R. W. Lewis, "The Genesis of Professional Football : Bolton-Blackburn-Darwen, the Centre of Innovation 1878~85", *The International Journal of the History of Sport*, 127쪽 ; Mike Huggins, "Second-Class Citizen?

English Middle-Class Culture and Sport, 1850~1910 : A Reconsideration", *The International Journal of the History of Sport*, Vol. 17, No. 1(2000년 3월), 2, 14, 16쪽 ; 엘리스 캐시모어,《스포츠, 그 열광의 사회학》, 정준영 옮김(한울, 2001), 388쪽.

11 베르너 좀바르트,《사치와 자본주의》, 이상률 옮김(문예출판사, 1997), 26쪽.

12 Richard Holt, *Sport and the British : A Modern History*, 113쪽 ; J. A. Mangan, *Athleticism in the Victorian and Edwardian Public School : The Emergence and Consolidation of an Educational Ideology*, 42쪽.

13 J. A. Mangan·James Walvin, "Introduction", *Manliness and Morality : Middle-Class Masculinity in Britain and America, 1800~1940*, (ed.) J. A. Mangan(Manchester : Manchester Univ. Press, 1987), 4~5쪽.

14 J. A. Mangan, The Games Ethic and Imperialism : *Aspects of the Diffusion of an Ideal*(New York : Penguin Books Ltd., 1986), 87, 136쪽. 물론 식민지인과의 관계에서만 영국인들의 육체적 강인함이 필요했던 것은 아니다. 식민지 경영을 위해서는 이제까지 영국에서 누렸던 환경과 전혀 다른 기후와 자연 환경에 적응할 수 있어야 했다. 학교에서의 체육 활동은 이런 적응력을 기르는 데도 매우 유용한 것으로 인식되었다.

15 우리 사회에서 체육의 중요성에 대한 사상이 싹트고 발전한 과정에 대해서는 나현성,《한국 체육사 연구》(교학연구사, 1981) ; 나현성, 《한국 체육사》(교학연구사, 1983) ; 곽형기,〈근대 학교 체육의 전개 양상과 체육사적 의미〉(서울대학교 박사학위 논문, 1989) ; 이학래, 《한국 근대 체육사 연구》(지식산업사, 1990) ; 이학래 외,《한국 체육사》(지식산업사, 1994) ; 곽형기,〈근대 초기 학교 체육의 성립에 관한 연구〉,《한국체육학회지》, 제33권, 제1호(1994) ; 정준영,〈19

세기 말 20세기 초 체육 정신athleticism의 형성과 변화〉,《한국 사회
사 연구의 새로운 방향》(한국 사회사학회 2002년도 정기 학술대회
발표논문집, 2002) ; 정준영, 〈구한말 체육 사상의 변화 : 위생 체육
에서 상무 체육으로〉,《한국 사회사상사 연구》, 김경일 외 엮음(나
남, 2003) 등을 참조하라.

16 J. A. Mangan, *Athleticism in the Victorian and Edwardian Public School : The Emergence and Consolidation of an Educational Ideology*, 145쪽.

17 Richard Holt, *Sport and the British : A Modern History*, 11쪽. 팀 스포츠를
중시하는 영미 계열의 전통과 개인 스포츠를 중시하는 대륙 계열의
전통은 오늘날까지도 그 흔적이 남아 있다. 구트만Allen Guttmann
은 이러한 차이가 학교 체육 중심과 클럽 체육 중심이라는 상이한
경향을 낳았으며 그 결과 미국 성인들의 스포츠 활동 참가율이 낮
아졌다고 주장한다. 즉 미국에서는 스포츠 클럽이 발달되어 있지 않
다 보니 학교를 졸업하고 나면 스포츠를 즐길 만한 기반이 존재하지
않는다는 것이다(Allen Guttmann, *From Ritual to Record : The Nature of Modern Sports*(New York : Columbia Univ. Press, 1978), 145쪽).

18 J. A. Mangan, *Athleticism in the Victorian and Edwardian Public School : The Emergence and Consolidation of an Educational Ideology*, 8쪽.

19 퍼블릭 스쿨의 학생들이 스포츠를 열광적으로 수용했던 것이 체육
정신의 효과 때문만은 아니었다. 학교의 스포츠 활동은 참여하는 학
생들에게 실질적 혜택을 제공해주기도 했다. 이를테면 스포츠 활동
을 통해 상층 계급의 여러 구성원들은 서로 친교를 맺을 기회를 확
보할 수 있었으며 이런 관계는 학교를 졸업한 후에도 일종의 사회
자본, 다시 말해 비공식적인 연줄로 활용되었다(J. A. Mangan, *The Games Ethic and Imperialism : Aspects of the Diffusion of an Ideal*, 3장).
이처럼 스포츠 교육이 학생의 삶에 실질적인 이점을 줌으로써 학부

모들도 학교가 다른 교과 대신 체육 교육을 과도하게 강조하는 것에 대해 불만을 제기하지 않았다.

20 James Walvin, The People's Game : *A Social History of British Football*, 59 쪽.

21 그러나 퍼블릭 스쿨과 나머지 학교가 중시했던 체육 활동에는 약간 의 차이가 있다. 퍼블릭 스쿨에서는 축구, 럭비, 크리켓 등 팀 스포츠 가 주를 이루었던 반면, 노동 계급 자녀들이 다녔던 학교의 공식 교 과목에는 1906년까지도 체조처럼 규율을 중시하는 활동들만 편성 되어 있을 뿐 팀 스포츠는 과외 활동으로만 이루어졌다. 이런 차이 는 노동 계급 자녀에게 팀 스포츠가 함양할 것이라 기대된 인격이 별로 필요하지 않으리라는 생각을 가지고 있었기 때문이라고 할 수 있다. 우리나라에서도 일제 치하인 1920년대 중반까지 체조 교육이 강조되었으며 군사 독재 체제에서도 일차적으로 중시된 체육 활동 은 체조였다.

22 *Sport, Culture and Ideology*, (ed.) Jennifer Hargreaves(London : Rout-ledge Kegan & Paul, 1982), 41쪽.

23 리틀 리그는 미국 펜실베이니아 주 윌리엄즈포트의 평범한 시민 이었던 스토츠Carl Stotz에 의해 1938년에 구상되어 1939년에 최 초로 시작된 것으로 알려져 있다. 하지만 리틀 리그라는 명칭을 쓰 지 않았을 뿐 필라델피아의 주식 중개인이었던 톰린Joseph Tomlin 이 조직한 어린이들의 미식축구 리그가 1929년에 이미 존재했다 (Allen Guttmann, *A Whole New Ball Game : An Interpretation of American Sports*(Chapel Hill : The Univ. of North Carolina Press, 1988), 91쪽).

24 미국의 시사주간지《타임*Time*》의 1999년 7월 12일자(Vol. 154, No. 2)에는 과도할 만큼 경쟁적으로 변해버린 어린이 스포츠에 대한 특 집 기사가 실려 있다. 정규 선수와 똑같은 형식으로 경기를 벌이는

어린이들의 체육 활동에 부모들은 연간 3,000달러에 이르는 돈을 지출한다.

25 Mike Wise, "Little League Innocence Fades in TV Glare", 《뉴욕 타임스》 인터넷 사이트(http://www.nytimes.com), 2003년 8월 18일자.

26 예를 들어 1896년에 미국 매사추세츠 주 워체스터에서 실시된 한 조사에 의하면, 당시 어린이들이 즐기던 다양한 게임의 종류는 400 여 가지가 넘었다고 한다(Allen Guttmann, *A Whole New Ball Game : An Interpretation of American Sports*, 82쪽). 이 시기는 미국에서 어린이들을 위한 놀이 시설 설립 운동이 본격적으로 시작되기 직전이며 조직 스포츠가 널리 확산되기 전이다.

27 Andrew Ferguson, "Inside the Crazy Culture of Kids Sports", *Time*, Vol. 154, No. 2(1999년 7월), 50~60쪽.

28 구트만은 미국 성인의 스포츠 참가율이 떨어지는 이유가 학교 체육, 팀 스포츠 중심인 스포츠 제도 때문이라고 주장한다(Allen Guttmann, *From Ritual to Record : The Nature of Modern Sports*, 145쪽). 클럽 중심의 스포츠 제도가 발달하고 개인 스포츠에 대한 선호도가 높은 유럽 국가에서는 이런 현상이 잘 나타나지 않는다는 것이다. 그러나 정도의 차이일 뿐 학교 졸업 이후 스포츠 참가율이 떨어지는 모습은 어느 나라에서나 동일하게 나타난다. 이에 대해서는 유럽 여러 나라 국민의 연령별 스포츠 참가율에 대한 Chris Gratton·Peter Taylor, *Economics of Sport and Recreation*(London : Spon Press, 2000), 78쪽을 참고하라. 영국을 비롯해 이탈리아, 스페인, 아일랜드, 네덜란드, 스웨덴, 핀란드 등 유럽 7개국 국민의 연령별 스포츠 참가율을 조사한 결과에서 핀란드를 제외하고는 어느 나라를 막론하고 나이가 들수록 스포츠 활동에 전혀 참여하지 않거나 한 달에 한 번 이하만 참여하는 사람들의 비율이 급격히 늘어나는 것을 확인할 수 있다. 핀란

드의 경우에도 그 폭이 크지는 않지만 나이가 들수록 스포츠 활동에 참여하지 않는 사람들의 비율이 꾸준히 늘어나는 것을 볼 수 있다.

29 시간 규정은 2003년 시즌부터 이닝 규정으로 바뀌어 12이닝 이상 시합이 진행되지 않도록 개정되었으나 효과는 결국 마찬가지라고 할 수 있다.

30 스포츠의 상업화가 지닌 여러 측면에 대해서는 Chris Gratton·Peter Taylor, *Economics of Sport and Recreation*, 제1부를 참조하라.

31 James Walvin, *The People's Game : A Social History of British Football*, 53쪽.

32 엘리스 캐시모어, 《스포츠, 그 열광의 사회학》, 388쪽.

33 Tony Collins, *Rugby's Great Split : Class, Culture and the Origins of Rugby League Football*(London : Frank Cass Publishers, 1998), 52쪽.

34 Tony Collins, *Rugby's Great Split : Class, Culture and the Origins of Rugby League Football*, 58쪽.

35 이런 사정은 프로 선수의 사정이 현저히 개선되었다는 오늘날까지 도 크게 달라지지 않고 있다. 특히 다수의 프로 스포츠가 자체 수익 보다는 기업의 이미지 진작을 위해 운용되는 우리나라에서 그런 현 실을 쉽게 확인할 수 있다. 우리나라의 프로 선수들이 얻는 수입에 대해 알아보면, 프로 야구와 프로 축구, 프로 씨름 등에서 억대의 연 봉을 받는 선수들이 즐비하고 최고 연봉 선수의 연봉이 6억 원을 넘 지만 유명세를 타지 못한 보통 선수의 연봉은 보잘것없다. 예를 들 어 월드컵 기간 중 한국 프로 축구 선수의 평균 연봉 수준이 중국 선 수들보다 낮다는 점이 논란이 된 적이 있다. 또 프로 야구 선수 협의 회의 통계에 따르면, 2002년 현재 프로 야구 선수로 등록되어 있는 1·2군 448명의 평균 연봉은 약 4,700만 원 정도다. 특히 고액 연봉 을 받는 선수들이 많다 보니 연봉 서열 중간에 해당하는 224번째 선 수의 연봉은 2,400만 원을 조금 웃돌아 대기업과 금융기관의 대졸

신입 사원 평균 초봉(2,489만 원)보다 적었다(《시사저널》, 693·694
호, 2003년 2월 6일/13일, 117쪽).

정도의 차이는 있지만 고액 연봉 선수와 다른 선수 사이의 과도한
연봉 격차는 미국의 프로 스포츠에서도 찾아볼 수 있다. 자유 계약
선수의 연봉이 지나치게 높아져 구단의 자금 압박이 심해지는 것
을 막기 위해 NBA는 1999년에 연봉 상한선을 설정했다. 이때 설정
된 상한선은 1,400만 달러였는데 당시 연봉 하한선은 28만 7,500달
러에 지나지 않았다. 또 30만 달러 이하의 연봉을 받는 선수가 전체
411명 가운데 80명에 이르기도 했다(Time, Vol. 153, No. 2, 1999년
1월 18일자).

36 미국 프로 야구에서 보류 조항, 즉 구단이 선수의 이적과 관련하여
전권을 가지고 있었던 권리가 완화되어 선수의 팀 선택권이 강화
되어온 과정에 대해서는 Allen Guttmann, *A Whole New Ball Game : An
Interpretation of American Sports*, 63~69쪽을 참조하라.

37 James Walvin, *The People's Game : A Social History of British Football*, 60, 63쪽.

38 대중 매체가 특정 스포츠의 대중적 이미지를 형성하고 확산시키는
데 공헌한 사례에 대해서는 미식축구의 대중화 과정을 분석하고 있
는 Michael Oriard, *Reading Football : How the Popular Press Created an Ameri-*
can Spectacle(Chapel Hill : Univ. of North Carolina Press, 1993), 2장
의 논의를 참조하라.

39 Margaret Carlisle Duncan·Michael A. Messner, "The Media Image of
Sport and Gender", *MediaSport*, (ed.) Lawrence A. Wenner(London :
Routledge, 1998), 173쪽.

40 E. E. 슈나이더·E. A. 슈프라이처, 〈스포츠와 사회 가치〉, 《스포츠 사
회학》, 박홍규·정홍익·임현진 엮음(나남, 1992), 178쪽.

41 엘리스 캐시모어, 《스포츠, 그 열광의 사회학》, 1장.

42 영국의 사회 이론가 기든스Anthony Giddens는 현대 사회의 성원들이 지니고 있는 이런 믿음을 설명하기 위해 전문가 체계라는 개념을 사용한다. 전문가 체계란 "오늘날 우리가 살고 있는 광범위한 물질적·사회적 환경을 조직하는 직업적 전문 지식이나 기술 체계를 의미한다". 예를 들어 나는 전문가들이 지니고 있는 전문 지식의 확실성을 신뢰하고 있기 때문에 한강 다리를 건너면서 두려움을 전혀 느끼지 않는다. 한강 다리가 실제로 어떤 원리로 나의 무게를 지탱하고 있는지에 대해 아무것도 모르면서 말이다. 이런 신뢰는 근대 이후의 진보에 대한 믿음에 그 바탕을 두고 있다. 전문가 체계에 대해서는 안토니 기든스, 《포스트 모더니티》, 이윤희 옮김(민영사, 1991), 40~41쪽을 참조하라.

43 Norbert Elias·Eric Dunning (eds.), *Quest for Excitement* : Sport and Leisure in the Civilizing Process(Oxford : Blackwell, 1986), 42, 106쪽.

44 이런 관점을 취하고 있는 대표적인 저작으로는 Jean-Marie Brohm, *Sport : A Prison of Measured Time : Essays*(London : Ink Links Ltd., 1978)를 들 수 있다.

45 James Walvin, *The People's Game : A Social History of British Football*, 32~35쪽. 이 때문에 1차 세계대전 무렵까지도 풋볼football이라는 말이 축구와 럭비는 물론 이전의 민속 축구까지 지칭하는 포괄적인 용어로 사용되었다고 한다(Tony Collins, *Rugby's Great Split : Class, Culture and the Origins of Rugby League Football*, xiv쪽 ; Adrian Harvey, "Football's Missing Link : The Real Story of the Evolution of Modern Football", *Sport in Europe : Politics, Class, Gender*, 113쪽).

46 John Hargreaves, *Sport, Power, and Culture : A Social and Historical Analysis of Popular Sports in Britain*(New York : St. Martin's Press, 1986), 109쪽.

47 경험적으로 보아도 이 논리는 나름대로 확실한 근거를 지니고 있다. 김재온의 분석에 따르면, 올림픽과 월드컵 같은 국제 스포츠 행사에서 각 나라가 거두는 성적은 그 나라의 국력과 상당 부분 정비례하기 때문이다(김재온, "National Strength and Global Sorts Competitions : World-Cup Soccer and Olympics", 한국이론사회학회 특별 컨퍼런스, 〈월드컵과 신공동체 문화〉 발표 논문(2002)). 이러한 경험적 증거는 체제의 우월성을 선전하는 효과적인 도구로서 스포츠가 정책적으로 이용될 가능성을 높여준다. 생활 체육이 발달한 선진국과 달리 많은 후진국에서 엘리트 체육 중심의 체육 정책이 실시되고 있는 것은 이처럼 스포츠를 체제 선전의 도구로 사용하고자 하는 욕망과 무관하지 않다.

48 미국이 이른바 프로 스포츠의 왕국이 될 수 있었던 이유도 스포츠 산업의 발전 과정에서 텔레비전 중계권료가 차지했던 위상과 관련해 이해할 수 있다. 일찍부터 상업 방송 체제를 갖춘 탓에 각 방송사끼리 시청률을 둘러싸고 치열하게 경쟁을 벌이다 보니 스포츠 중계권을 둘러싸고도 경쟁이 심화되어 중계권료가 천정부지로 치솟았던 것이다. 대략 4년마다 한 번씩 갱신되는 주요 스포츠의 중계권료가 그 직전 기간의 중계권료에 비해 평균 두 배 이상씩 치솟을 수 있었던 것은 스포츠 중계권을 둘러싼 방송사들의 경쟁 덕분이었다. 반면 국가의 문화유산을 일반 공중에게 전달해주는 것을 의무로 삼는 공영 방송 체제가 지배하던 영국을 비롯한 다른 국가에서 중계권료는 상대적으로 낮았고 이는 프로 스포츠의 발전을 더디게 만든 요인 중 하나로 작용했다.

49 최진우, 《스포츠 산업 활성화를 위한 과제》(삼성경제연구소, 2001), 16쪽.

50 물론 스포츠 영역에서 성공을 거둘 수 있는 기회는 다른 영역에 비

해 훨씬 제한되어 있는 것이 사실이다. 원칙적으로 스포츠에서 승자는 한 명뿐이고 승자가 되지 못하는 한 쓸쓸히 대중의 관심 밖으로 멀어질 수밖에 없기 때문이다. 예를 들어, 미국의 고등학교에서 농구 선수로 활약하는 사람들 중 NBA에서 한 시즌이라도 뛰어볼 행운을 누릴 수 있으려면 무려 143대 1의 경쟁을 뚫어야 한다(엘리스캐시모어, 《스포츠, 그 열광의 사회학》, 169쪽). 반면 다른 영역에는 꼭 일등이 되지 않더라도 그럭저럭 먹고살 수 있는 길이 더 넓게 열려 있다. 다시 말해 스포츠는 마치 로또 복권처럼 대박 아니면 꽝이라는 극단적 길만 존재하는 영역인 반면 다른 영역에는 중간 지대가 광범위하게 존재한다. 이런 이유 때문에 미국의 흑인 테니스 스타였던 아서 애시Arthur Ashe는 흑인들이 스포츠에 몰입하는 것이 장기적으로 흑인들의 생활을 개선하는 데 아무런 도움을 주지 못한다고 주장하며 스포츠 활동을 하기보다는 교육을 더 많이 받으라고 권고한다.

51 *Sport, Culture and Ideology*, (ed.) Jennifer Hargreaves, 114쪽.

52 조범자, "1초의 신체공학 과학이 뭔다", 〈스포츠투데이〉, 2003년 5월 17일자.

53 《한경비즈니스》, 2003년 8월 4일자(400호), 82쪽. 2003년 우리나라 프로 야구 8개 구단의 등록 선수는 450명으로 이들의 연봉을 모두 합하면 261억 원에 달한다.

54 1990년 MBC에서 130억 원에 매입되어 LG 트윈스로 이름을 바꾼 LG 구단의 경우, 2003년 한 해 입장 수입으로 홈구장 18억 원, 원정 경기 3억 원을 합해 21억 원 정도를 예상하고 있다. 여기에 구장에 있는 편의점과 패스트푸드점의 임대료 약 10억 원과 경기장 옥외 광고비로 15억 원 정도의 수입이 추가될 것으로 예상된다(《한경비즈니스》, 2003년 8월 4일자, 84쪽). 그러나 이 추가 수입은 LG가

본거지로 삼고 있는 잠실 구장이 2000년부터 구단에 장기 임대되고 있어 가능해진 것으로서 다른 구단에서는 아직 이런 수입을 얻을 조건이 제대로 갖춰져 있지 않은 편이다.

입장 수입과 중계권료, 기타 추가 수입에 비해 홍보 효과는 명확하게 계산하기가 쉽지 않다. 그러나 막대한 비용이 들어가는 프로 구단을 소유하고 있다는 것 자체가 기업의 입장에서는 권위를 높이는 것이며, 이외에도 중계 과정에서 기업의 이름이 자주 거론됨으로써 생기는 홍보 효과도 무시할 수 없다. 참고로 1998년 맥도널드 LPGA와 US 여자 오픈 골프 대회에 연속 우승한 박세리 덕분에 당시 소속 사였던 삼성이 얻은 홍보 효과는 1억 7,000만 달러에 이르는 것으로 평가되었다(김준환, 《박세리 우승과 스포츠마케팅》(삼성경제연구소, 1998), 4쪽).

55 이에 대해서는 Michael R. Real, "MediaSport : Technology and the Commodification of Postmodern Sport", *MediaSport*, 18~20쪽을 참조하라.

56 엘리스 캐시모어, 《스포츠, 그 열광의 사회학》, 444쪽.

57 Bill Pennington, "Player's Protest over the Flag Divides Fans", 《뉴욕 타임스》 인터넷 사이트, 2003년 2월 26일자.

58 Geoff Hare·Hugh Dauncey, "The Coming of Age : France '98", *Football Cultures and Identities*, (eds.) Gary Armstrong·Richard Giulianotti (London : Macmillan Press Ltd., 1999), 19쪽.

59 미국에서 운동장 설치 운동이 전개된 과정과 그 의미에 대해서는 Cary Goodman, *Choosing Sides : Playground and Street Life on the Lower East Side*(New York : Schocken Books, 1979) ; Dominick Cavallo, *Muscles and Morals : Organized Playgrounds and Urban Reform, 1880~1920*(Philadelphia : Univ. of Pennsylvania Press, 1981) 등을 참조하라.

60 이러한 이유 때문에 고급 퍼블릭 스쿨에 널리 확산되어 있던 체육 정신 역시 1906년까지는 공식적으로 노동 계급 자녀가 다니는 일반 초등학교에 전파되지 못했다. 이에 대해서는 Richard Holt, *Sport and the British : A Modern History*, 139쪽 ; J. A. Mangan·Colm Hickey, "English Elementary Education Revisited and Revised : Drill and Athleticism in Tandem", *Sport in Europe : Politics, Class, Gender*, 68쪽을 참조하라.

61 병식(兵式) 체조란 군대에서 체력 단련용으로 시행된 체조 형식을 일컫는다. 나현성은 당시 체조의 종류를 병식 체조와 보통 체조, 스웨덴식 체조 등으로 구분한다(나현성,《한국 체육사》, 150쪽). 우리의 학교 체육에서는 1927년까지 체조 중심의 시대가 지속되었는데, 병식 체조는 제대로 된 체조 교재가 편찬되고 군사 훈련과 체조 교육이 분리되는 1909년에서 1911년까지 가장 널리 교육되던 체조 형태였고, 이후에는 스웨덴식 체조가 체조 교육의 중심을 이루게 되었다. 그러나 스웨덴식 체조 역시 독일의 체조 운동에 기반을 두고 있는 것으로 결국 큰 틀에서는 독일 체조와 유사성을 지니고 있다고 할 수 있다. 독일을 중심으로 발전한 체육 사상에 대해서는 오동섭, 《근대 체육사》(형설출판사, 1992)를 참조하라.

62 엘리스 캐시모어,《스포츠, 그 열광의 사회학》, 250쪽.

63 축구의 역사와 변화 과정, 럭비와의 분리에 대해서는 영국 학계를 중심으로 여러 논문과 단행본이 출간된 바 있으며, 필자 역시 논문 한 편을 발표했다. 축구의 역사에 관심 있는 독자들은 필자의 논문에서 유용한 자료들을 얻을 수 있을 것이다. 이에 대해서는 정준영, 〈축구와 노동 계급〉,《월드컵, 신화와 현실》, 윤상철·안민석 엮음(한울, 2002)을 참조하라.

64 물론 이것은 마라톤이 지니고 있는 여러 특성 가운데 하나에 불과할

뿐이다. 마라톤의 의미에 대해서는 4장에서 더 상세하게 다뤄질 것이다.

65 Michael Oriard, *Reading Football : How the Popular Press Created an American Spectacle*.

66 구트만에 따르면, 1980년대 미국 사회에서 미식축구와 야구 등 조직 스포츠에 염증을 느낀 사람들이 유도나 합기도 등의 스포츠에 몰두함으로써 대안을 찾았다(Allen Guttmann, *A Whole New Ball Game : An Interpretation of American Sports*, 12장). 최근에는 극한 스포츠가 바로 그런 위치를 차지하고 있다. 미국 사회에서 청소년을 중심으로 한 극한 스포츠의 인기에 대해서는 Karl Taro Greenfeld, "A Wider World of Sports", *Time*, Vol. 152, No. 19(1998년 11월), 80~81쪽을 참조하라.

67 이처럼 집단의 취향이 안정성을 결여하고 있을 때 그것을 스타일이라고 부른다. 청소년 세대에게 전형적으로 나타나는 스타일 현상과 그 의미에 대해서는 정준영, 〈하위문화, 스타일, 저항〉, 《문학과 사회》 52호(13권 4호)(2000)를 참조하라.

68 특정 스포츠가 어느 정도 확산되었을 때 낡은 것이라는 의미를 부여받게 되는가라는 물음은 흥미로운 연구 주제가 될 수 있다. 이에 대해서는 실증적인 연구가 뒷받침되어야 하겠지만 개인적인 경험에 비춰보건대 대략 중산층의 상층에서 중층으로 확산될 때 새로운 스포츠에 대한 요구가 부상하는 것으로 판단된다.

69 David Russell, "Associating with Football : Social Identity in England 1863~1998", *Football Cultures and Identities*, 18쪽. 이런 역사적 배경 때문에 영국의 전체 축구팬 중 여성의 비율은 10~15퍼센트에 지나지 않는다.

70 E. E. Snyder·E. A. Spreitzer, *Social Aspects of Sport*, 2nd edition

(Englewood Cliffs, NJ : Prentice Hall, 1983).

71 〈중앙일보〉, 2003년 2월 14일자, S1면.

72 Margaret Carlisle Duncan·Michael A. Messner, "The Media Image of Sport and Gender", *MediaSport*, 175쪽. 예를 들어 텔레비전에 대한 1990년의 한 연구에 따르면 남자 테니스 경기를 중계할 때는 힘을 강조하는 어휘가 연약함을 암시하는 어휘보다 네 배나 더 많이 사용된 반면 여자 테니스 경기를 중계할 때는 두 종류의 어휘를 사용하는 비율이 거의 비슷했다고 한다(같은 책, 175쪽).

73 R. S. Gruneau, "Power and Play in Canadian Social Development", *Working Papers in the Sociological Study of Sports and Leisure*(Kingston, Ontario : Sport Studies Research Group, 1979) ; R. 비미쉬, 〈자본주의 논리와 스포츠〉, 《스포츠 사회학》, 307 에서 재인용.

74 James Walvin, *The People's Game : A Social History of British Football*, 24쪽.

75 축구 훌리건을 다양하게 해석한 것으로는 엘리스 캐시모어, 《스포츠, 그 열광의 사회학》, 306~309쪽 ; Richard Guilianotti, *Football : A Sociology of the Global Game*(Cambridge : Polity, 1999), 3장을 참조하라. 또한 Patrick Murphy·John Williams·Eric Dunning, *Football on Trial : Spectator Violence and Development in the Football World*(London : Routledge, 1990)에 실린 여러 논문도 참조하라.

76 이학래 외, 《한국 체육사》, 261쪽.

77 물론 축구에서 표출되는 대립 의식이 단지 지역간의 대립에만 국한되는 것은 아니다. 지역과 범위가 상당 부분 겹치기는 하지만 다소 성격이 다른 교구간의 대립이라든지 종파간의 대립, 축구 초창기 공장 팀의 성립기에 발전했던 공장간의 대립, 나아가 대도시의 경우 여러 프로 팀이 한 도시의 서로 다른 위치에 자리잡음으로써 우연히 발전한 구역간의 대립 등이 모두 중첩되어 있다. 그러나 그중 가장

대표적인 대립은 역시 지역간의 대립이었으며, 유명 프로 팀의 팬 기반이 특정 지역을 넘어 널리 확장된 오늘날까지도 이런 대립 의식 은 여전히 뿌리 깊게 남아 있다. 축구에서 드러나는 이런 대립 양상 에 대해서는 James Walvin, *Football and the Decline of Britain*(Houndmills : Macmillan, 1986), 46~49쪽 ; Richard Holt, *Sport and the British : A Modern History*, 167~174쪽 ; Tony Mason, "Football", *Sport in Britain : A Social History*, 179쪽 ; R. W. Lewis, "The Genesis of Professional Football : Bolton-Blackburn-Darwen, The Centre of Innovation 1878~85", *The International Journal of the History of Sport*, 41쪽 ; Gary Armstrong·Richard Giulianotti (eds.), *Football Cultures and Identities*, 10 ~11쪽 등을 참조하라.

78 Allen Guttmann, *A Whole New Ball Game : An Interpretation of American Sports*, 57쪽 ; Richard Holt, *Sport and the British : A Modern History*, 185쪽.

79 Allen Guttmann, *A Whole New Ball Game : An Interpretation of American Sports*, 55쪽.

80 Jean-Marie Brohm, *Sport : A Prison of Measured Time : Essays*, 130쪽.

81 그러나 마이클 조던의 업적도 스코티 피펜이나 데니스 로드맨, 론 하퍼 등 뛰어난 롤 플레이어(role player, 스타를 받쳐주는 뛰어난 선수)들의 도움이 없었다면 결코 성취될 수 없었을 것이다. 이렇듯 보조 선수들의 도움이 일반적인 수준에서는 항상 중요한 것으로 강조되지만 구체적인 사례로 들어가면 개별 스타를 두드러지게 취급하는 경향이 곧 전면에 나타난다. 이는 스타 시스템에 의존하는 대중 매체의 속성 때문이기도 하지만 개인을 영웅으로 만듦으로써 노력이 보상을 받는다는 이데올로기를 강화하려는 것과도 무관하지 않다.

82 구트만이 제시한 현대 스포츠의 일곱 가지 특징은 ① 세속화 ② 경

쟁 기회와 경쟁 조건의 평등성 ③ 역할의 전문화 ④ 합리화 ⑤ 관료적 조직 ⑥ 양화quantification ⑦ 기록에 대한 추구 등이다. 이에 대해서는 Allen Guttmann, *From Ritual to Record : The Nature of Modern Sports*, 2장을 참조하라.

83 엘리스 캐시모어,《스포츠, 그 열광의 사회학》, 165쪽.

84 나이키 사와 NBC 방송국, 마이클 조던의 결합이 만들어낸 NBA의 인기 상승과 세계화에 대해서는 엘리스 캐시모어,《스포츠, 그 열광의 사회학》, 14장 ; 월터 레이피버,《마이클 조던, 나이키, 지구 자본주의》, 이정엽 옮김(문학과지성사, 2001)를 참조하라.

85 우리 사회 성원들과 축구 사이의 연결에 대해서는 정준영, 〈한국 사회와 축구 : 왜 우리는 그토록 월드컵에 열광했는가?〉,《월드컵, 그 열정의 사회학》을 참조하라.

86 대중 매체가 텔레비전을 중심으로 현대 스포츠의 모습을 어떤 식으로 변형시키고 있는가에 대한 분석으로는 David A. Klatell·Norman Marcus, *Sports for Sale : Television, Money, and the Fans*(Oxford : Oxford Univ. Press, 1988) ; Steven Barnett, *Games and Sets : The Changing Face of Sport on Television*(London : British Film Institute, 1990) ; Garry Whannel, *Fields in Vision : Television Sport and Cultural Transformation* (London : Routledge, 1992) ; Lawrence A. Wenner (ed.), *MediaSport* 등을 참조하라.

87 John Hargreaves, *Sport, Power, and Culture : A Social and His-torical Analysis of Popular Sports in Britain*, 217~218쪽.

88 프로 스포츠의 역사를 보면 초기의 프로 팀들은 대부분 근거지와 일정한 연고를 지니고 있었다. 많은 프로 팀이 공장 팀이나 교구 팀에서 발전했고 지역 주민들과 직접적인 연계를 맺고 있었다. 미국 미식축구의 그린베이 패커스라든지 시카고 베어스 등이 대표적인 사

레이며 영국의 많은 프로 축구 팀은 지역의 축구 클럽이 발전한 것이다. 하지만 미국 프로 야구의 LA 다저스(원래는 뉴욕에 근거를 두었던 브루클린 다저스)처럼 중간에 근거지를 옮기는 팀이 많아지면서 팀과 근거지 사이의 이러한 연계는 점차 희미해지고 있다. 또한 애리조나 다이아몬드백스처럼 최근에 생긴 팀은 지역 주민과의 연고와 무관하게 단지 새로운 팀을 만들어 저변을 넓히려는 리그의 필요에 따라 만들어진 팀에 지나지 않는다.

89 관중의 폭력과 조금 성격이 다르긴 하지만 실제로 영국 퍼블릭 스쿨에서 즐겼던 초기의 축구 시합에서는 전사의 용맹성이 기대되기도 했다(J. A. Mangan, *Athleticism in the Victorian and Edwardian Public School : The Emergence and Consolidation of an Educational Ideology*, 137~141쪽). 물론 여기에는 사회 진화론이나 강건한 기독교도의 정신이 영향을 미치기도 했지만 경기의 주체가 상류층이었다는 점도 간과할 수 없다.

90 *The Encyclopedia Americana*(Grolier Incorporated, 1990), "marathon" 참조.

91 중산층이라는 용어는 엄밀한 계급 분석에 기초한 개념은 아니며, 사회 전체를 크게 중상류층과 하층 노동자 계급의 두 부분으로 나누었을 때 전자에 해당하는 집단을 이르는 개괄적인 의미로 사용한다. 중산층은 특히 중상류층 중에서도 최상류층을 제외한 중과 중상층의 범주를 주로 지칭한다.

92 물론 이런 생각이 순전히 개인적인 경험에만 근거하고 있는 것은 아니다. 프랑스 사회에 대한 부르디외Pierre Bourdieu의 취향 분석에 따르면, 조깅은 중간 계급 중 문화 자본이 가장 풍부한 분파나 지배 계급의 다양한 집단과 매우 친화력 있는 관계를 맺고 있는 것으로 나타난다[피에르 부르디외,《구별 짓기 : 문화와 취향의 사회학 (상)》, 최종철 옮김(새물결, 1995), 344쪽]. 또한 마라톤에만 국한되

는 것은 아니지만 그뤼노는 조직화된 스포츠와 신체적 오락에 능동
적으로 참여하는 사람 중에서 최저 소득 계층에 속하는 사람이 별로
많지 않다는 사실을 밝히고 있다(그뤼노, 〈스포츠와 계급 불평등〉,
《스포츠 사회학》, 136쪽).

93 1970년 뉴욕 마라톤 대회의 완주자는 55명에 불과했다.

94 엘리스 캐시모어, 《스포츠, 그 열광의 사회학》, 416쪽에서 재인용.

95 뉴욕 마라톤 조직 위원회의 설명에 따르면, 센트럴 파크를 순환하는
코스가 뉴욕 시내를 관통하는 것으로 바뀐 1976년 대회 후부터 대
회 참가자 수가 폭발적으로 증가했다(http://www.nyrrc.org/ nyrrc/
mar01/about/history.html). 그러나 이것만으로는 1980년에 약 만
4,000여 명, 1989년에 약 2만 5,000여 명, 1999년 3만 1,786명으로
완주자가 증가한 현상을 설명할 수 없다. 다시 말해 참가자 수의 증
가에는 코스의 변화뿐만 아니라 다른 요인이 개입했다는 것이다.
다른 한편 텔레비전 중계와 상금이 마라톤의 인기 요인으로 작용
했다는 해석도 있다. 예를 들어 보수적으로 아마추어리즘을 강조하
다가 거의 중단될 위기에 처했던 보스턴 마라톤이 1985년에 존 한
콕 생명 보험 회사의 후원을 받아들인 후에 소생했다는 점이 이러한
해석을 뒷받침한다(David A. Klatell·Norman Marcus, *Sports for Sale
: Television, Money, and the Fans*, 199~202쪽). 그러나 텔레비전 중계는
마라톤이 인기를 얻게 된 원인이라기보다는 오히려 그 결과이며 일
급 선수를 제외한 일반 참여자에게는 대회의 상금이 큰 의미를 지니
지 못한다는 점에서 텔레비전 중계와 상금이 참가자 수가 증가하게
된 절대적인 요인이었다고 말하기는 어렵다.

96 엘리스 캐시모어, 《스포츠, 그 열광의 사회학》, 227쪽.

97 피에르 부르디외, 《구별 짓기 : 문화와 취향의 사회학(상)》, 163~
164쪽.

98 19세기 말 프랑스를 중심으로 현대 올림픽 운동이 활발히 펼쳐지게 되는 데는 이런 귀족주의적 교육관이 큰 영향을 미쳤다고 할 수 있다. 김종엽은 근대 올림픽의 창시자 쿠베르 Pierre de Coubertin이 스포츠를 현대적 형태의 무훈(武勳)으로 인식했다고 지적한다. 이에 대해서는 김종엽, 〈쿠베르탱 남작의 현대 올림픽 창설〉, 《스포츠, 어떻게 읽을 것인가》, 이동연 외(삼인, 1998), 39쪽을 참조하라.

99 이와 관련해서는 Eric Dunning, "The Dynamics of Modern Sport", *Quest for Excitement : Sport and Leisure in the Civilizing Process*, (eds.) Norbert Elias·Eric Dunning(Oxford : Blackwell, 1986), 215~216쪽을 참조하라. 더닝Eric Dunning은 영국의 고급 퍼블릭 스쿨에서 그 원초적 형태가 마련된 아마추어리즘이 1880년대 이후 프로 스포츠가 본격적으로 발전하면서 더욱 명확하고 상세하게 정립되었다고 설명한다. 즉 축구와 럭비 등 이전에는 퍼블릭 스쿨의 엘리트들이 독점하고 있던 영역에 중간 계급과 노동 계급이 밀고 들어오자 엘리트들은 자신이 지금까지 스포츠에 대해 보유하고 있던 지배력을 상실할지도 모른다는 두려움에서 아마추어 정신을 정교한 이데올로기로 정립하게 되었다는 것이다.

100 물론 이 속성에 대해서도 순수하게 대상 자체가 지니고 있는 속성과 그에 대해 역사적으로 형성된 의미 부여를 다시금 구별하는 것이 가능할 것이다. 예를 들어 레이먼드 윌리엄스의 《문화사회학》[설준규·송승철 옮김(까치, 1984), 212쪽]에 따르면, 구(舊)계급 관계의 반영물인 잔여적 문화의 어떤 요소가 그 계급 관계가 사라진 시대의 사람에게는 마치 대상 자체의 속성처럼 비칠 수 있다. 이는 소쉬르Ferdinand de Saussure가 기표와 기의 사이의 연결이 지닌 자의성을 인정하면서도 일단 그 연결이 설정되고 나면 더 이상 자의적이지 않게 된다고 보는 것과 마찬가지다. 그러나 그럼에도 불구하고 나는

쉬벨부시Wolfgang Schivelbusch(《기호품의 역사》, 이병련 외 옮김 (한마당, 2000))가 보여주었듯이 사회적으로 부여된 의미와 무관하게 존재하는 대상 자체의 속성이 존재할 수 있다고 생각한다. 물론 그 대상의 속성이 반드시 단일하지는 않겠지만 그 변이의 폭 또한 무한히 자유롭지는 않을 것이다.

101 볼프강 쉬벨부시, 《기호품의 역사》, 2~3장을 참조하라.

102 참여자 스스로 부여하는 의미와 사회 속에서 널리 받아들여지는 의미가 달라지는 대표적인 예로는 축구 경기에서 자주 나타나는 훌리건의 행위를 들 수 있다. 훌리건 스스로는 폭력 행위에 참여하는 것에 대해 구단에 대한 지배력의 확인이나 사회적 위신 획득, 남성적 힘 과시 등과 같은 다양한 의미를 부여할 수 있지만 주류 집단(들)이 장악하고 있는 매스컴에 의해 그들의 행위는 의미 없는 폭력과 일탈 행위로 규정되는 경우가 대부분이다. 훌리건들이 보여주는 행위의 다양한 의미와 매스컴의 보도 태도를 보여주는 예로는 Patrick Murphy·John Williams·Eric Dunning, *Football on Trial : Spectator Violence and Development in the Football World*, 4~5장을 참조하라.

103 장 보드리야르, 《아메리카》, 주은우 옮김(문예마당, 1994).

104 장 보드리야르, 《아메리카》, 64쪽.

105 보드리야르Jean Baudrillard도 시사한 것처럼 이런 생각에는 마라톤을 인간 한계에 대한 도전으로 간주하는 사회적 인식도 상당한 몫을 차지하고 있다. 이 인식은 최초의 마라톤 주자의 죽음이라는 신화와 연결되어 있는 것일 텐데, 실제로는 다소의 과장이 섞여 있는 것도 사실이다(마라톤 평원의 승전보를 전달하고 죽은 전령 페이디피데스의 이야기는 2세기 그리스의 풍자 작가 루치아누스의 저술에 실려 있다. 그러나 이 이야기는 지어낸 것이라고 한다. 이에 대해서는 코민 쿨레, 《고대 그리스의 의사소통》, 이선화 옮김(영림카디널,

1999), 190쪽을 참조하라). 마라톤을 완주하기가 쉽지 않기는 하지만 굳이 기록을 의식하지 않는다면 누구나 완주할 수 있기 때문이다. 《미국 백과사전*The Encyclopedia Americana*》은 "마라톤" 항목에서 마라톤을 준비하는 보통 사람들에게 3개월 동안 매일 전체 거리의 3분의 1가량을 뛰도록 권고하고 있다. 다시 말해 매일 한 시간 정도씩 3개월만 연습하면 누구나 충분히 마라톤을 할 수 있다는 것이다.

106 흔히 달릴 때에는 걸을 때보다 3배 이상의 충격이 발에 가해진다고 한다. 따라서 이런 충격에서 발과 관절을 보호하려면 가능한 한 품질 좋은 운동화를 신어야 하며, 또한 대략 500km 정도를 뛴 후에는 운동화를 갈아주도록 권고하고 있다.

107 사실 어떤 면에서 마라톤은 다른 사람과 함께 즐기기에 오히려 불편한 운동이기도 하다. 예를 들어 두 사람의 페이스가 정확히 일치하지 않는다면 상대에게 맞추기 위해 자신의 페이스를 희생해야 하기 때문이다. 한편 마라톤의 이런 속성으로 인해 마라톤이 등산이나 낚시 등 다른 개인 스포츠와 더불어 마땅한 동반자를 찾기 어려운 성인이 택할 수 있는 몇 안 되는 스포츠라고 주장할 수도 있다. 말하자면 중산층이 특별한 전략적 목표를 가지고 마라톤을 선택한 것이 아니라 성인이 운동에 대한 충동을 느꼈을 때 거의 유일하게 혼자 할 수 있는 운동이 마라톤을 포함한 달리기였을 수 있다. 하지만 이 주장이 지닌 난점은 쉽게 시작할 수 있어서 시작한 운동을 오랫동안 지속하기가 얼마나 힘든지를 직접 경험해본 적이 있는 사람이라면 누구나 어렵지 않게 알아챌 수 있을 것이다.

108 또는 전통적인 사회과학적 개념에 따라 '만족의 연기'라고 부를 수도 있다.

109 물론 통제와 금욕주의가 마라톤 자체의 고유한 속성이라기보다는 그 속성에 사회적 의미가 부여된 결과라 할 수 있다. 이 책에서는 편

의상 먼저 결과적으로 형성된 의미를 받아들이고 그 내용에 대해 서
술하는 방식을 취했다.

110 장 보드리야르, 《아메리카》, 65쪽.

111 Juliet B. Schor, *The Overworked American : The Unexpected Decline of Leisure*(New York : Basic Books, 1991), 1쪽. 물론 이러한 경향이 선진 산업 사회에서 일반적으로 나타나는 것은 아니다. 미국과 달리 유럽에서는 1960년대 이후에도 노동 시간이 꾸준히 줄었기 때문이다. 흥미롭게도 미국과 달리 유럽에서는 마라톤이 그다지 대중적이지 못하다.

112 김문겸, 《여가의 사회학 : 한국의 레저문화》(한울, 1993), 95쪽.

113 크리스토퍼 라쉬, 《나르시시즘의 문화》, 최경도 옮김(문학과지성사, 1989), 29~33쪽.

114 E. E. 슈나이더·E. A. 슈프라이처, 〈사회 계층과 스포츠〉, 《스포츠 사회학》, 220~223쪽 ; 그뤼노, 〈스포츠와 계급 불평등〉, 《스포츠 사회학》, 136쪽. 한편 '하는 스포츠'에 대해 노동 계급의 참여가 저조한 것은 그 자체로 흥미로운 연구 주제다. 이에 대해서는 흔히 노동 계급이 경제적·시간적인 면에서 여유가 부족하다는 점이 지적되곤 하는데, 이 글에서 다루고 있는 마라톤(또는 달리기 전반)의 저렴성과 노동 계급이 '보는 스포츠'(및 텔레비전 시청)에 들이는 시간을 생각해보면 그것이 반드시 절대적인 이유는 되지 못한다. 그렇다면 주로 정신 노동에 종사하는 중상류층이 '하는 스포츠'에 많이 참여하는 반면 주로 육체 노동에 종사하는 노동 계급이 '보는 스포츠'에 만족하고 마는 것 사이에 어떤 관련성이 있지 않은지 생각해볼 수 있다. 즉 중상층 계급과 노동 계급이 서로의 생활양식을 모방하지 않으며, 노동 계급은 현실의 생활 조건 때문에 어쩔 수 없이 무위적인 여가 보내기의 방식에 탐닉하고, 중상류층은 노동 계급으로부터 자

신을 구별 짓기 위해 '하는 스포츠'에 참여하는 것일 수 있다.

115 물론 '보는 스포츠'가 1970년대에 와서야 비로소 발전되었다고 주 장하는 것은 아니다. 군이 로마 시대까지 거슬러 올라가지 않더라 도 19세기에는 이미 대규모로 '보는 스포츠'가 발달해 있었기 때문 이다. 예를 들어 Bryant Jennings·Dolf Zillmann·Arthur A. Raney, "Violence and the Enjoyment of MediaSports", *MediaSport*, 257쪽은 1901년에 개최된 영국 FA컵 결승에 11만의 관객이 입장했다고 보 고하고 있다. 그럼에도 불구하고 '보는 스포츠'가 하층 계급에게까 지 충분히 확산되는 데는 좀 더 시간이 필요했다.

116 장 보드리야르, 《아메리카》, 87~88, 91쪽.

117 마이크 페더스톤, 〈소비문화 속의 육체〉, 《문화과학》 4(문화과학사, 1993), 54쪽.

118 마이크 페더스톤, 〈소비문화 속의 육체〉, 《문화과학》 4, 36쪽.

119 페더스톤의 경우 노동 계급 내의 비만 남성이 이런 흐름에 아직 휩 쓸리지 않고 있다는 점을 인정하고 있으나(마이크 페더스톤, 〈소비 문화 속의 육체〉, 《문화과학》 4, 53쪽) 그들도 곧 복종하고 체형관리 에 몰두할 것이라고 보아 노동 계급 내의 비만 남성이 이 흐름에 동 참하지 않고 있는 것의 의미를 더 이상 살펴보려 하지 않고 있다.

120 마이크 페더스톤, 〈소비문화 속의 육체〉, 《문화과학》 4, 47쪽.

121 엘리스 캐시모어, 《스포츠, 그 열광의 사회학》, 423쪽.

122 물론 19세기 초반까지 유럽의 프로테스탄트들이 스포츠에 거부감 을 지니고 있었듯이 미국을 건설했던 프로테스탄트도 처음부터 스 포츠를 바람직한 것으로 생각했던 것은 아니었다. 특히 고결한 중 류층에게 스포츠란 하층 계급의 무익한 오락에 지나지 않았기 때문 이다. 그러나 영국에서 체육 정신이 전파되면서 미국에서도 19세기 중후반에 이르러 점차 스포츠에 대한 긍정적 태도가 확산되기 시작

한다. 이에 대해서는 크리스토퍼 라쉬,《나르시시즘의 문화》, 138~
142쪽을 참조하라.

123 워터게이트의 추문이 직접적인 원인이기는 하지만 1976년 대선에
서 도덕성을 내세운 카터Jimmy Carter가 대통령으로 당선된 것이
이러한 분위기와 상당 부분 연관되어 있었으리라는 주장도 가능하
다. 흥미로운 점은 한국 사회에 조깅이라는 용어를 전파하고 가장
대표적으로 조깅을 즐긴 사람이 바로 카터 대통령이었다는 점이다.

124 크리스토퍼 라쉬,《나르시시즘의 문화》, 142쪽.

125 《타임》(Vol. 154, No. 11, 1999년 9월 13일자)의 보도에 의하면,
1997년 미국인의 1인당 연간 노동 시간은 1,966시간으로 1980년의
1,883시간에 비해 83시간이 늘어났는데, 이는 세계적인 일벌레로
알려져 있는 일본인의 같은 해 연간 노동 시간 1,889시간보다도 많
은 것이다.

126 톨스타인 베블렌,《유한계급론》, 정수용 옮김(동녘, 1983).

127 물론 이 여유가 시간적 여유라는 물리적 측면만을 뜻하는 것은 아니
다. 카우치 포테이토Couch Potato족의 모습에서 연상할 수 있듯이
뛸 수 있는 시간적 여유를 갖고 있음에도 뛰지 않는 사람들이 많이
있기 때문이다. 이런 점에서 카우치 포테이토족의 전형이 맥주를 즐
기는 육체 노동자층으로 설정되어 있다는 사실은 의미심장하다.

128 베블렌은 도덕적인 중간 계급의 입장에서 과시적인 상류층의 유한
을 비판하고 있다. 톨스타인 베블렌,《유한계급론》, 3장.

129 피에르 부르디외,《구별 짓기 : 문화와 취향의 사회학(상)》, 124쪽.

130 중산층이 달리는 모습을 통해 도덕성을 과시할 수 있는 배경을 대중
스포츠의 탄생을 현대 사회의 규율화regimentation와 연결짓는 멈
포드Lewis Mumford의 논의(Lewis Mumford, *Technics and Civilization*
(Orlando : Harcourt Brace & Company, 1963), 303쪽)와 관련해 생

각해볼 수 있다. 즉 마라톤에서 발현되는 중산층의 자기 통제력은 현대 사회에 대한 그들의 적응력을 표상하는 것이기도 하다.

131 한 걸음 더 나아가 마라톤이 함축하는 자기 통제의 세속적 결과에 대해서도 얘기해볼 수 있다. 포스트먼Neil Postman[《죽도록 즐기기》, 정탁영·정준영 옮김(참미디어, 1997), 42쪽]의 논의를 이어받아 다소 비약을 해본다면 마라톤에서 발현되는 만족의 연기와 자기 통제는 교육 수준에 대한 지표가 되기도 한다. 이는 주지하다시피 현대 교육이 지루한 공장 노동을 참고 견딜 수 있는 노동자를 양성하기 위해 시작된 것이고, 사회가 변했다고는 하지만 아직도 그 기본적인 골격이 여전히 유지되고 있다는 점에서 그렇다. 즉 만족의 연기와 자기 통제를 체득한 사람은 성공적인 학교 교육의 효과를 보여주는 것이기도 하다. 따라서 부르디외의 지적처럼 교육이 경제적 자본을 정당화하는 요소로 작용하는 것이라면 마라톤이 상징하는 자기 통제와 그것이 함축하는 교육에서의 성공은 중산층의 세속적 지배력을 정당화하는 기제가 될 수 있다. 중산층은 마라톤에 참여하면서 그들의 지배가 정당함을 과시하기도 한다.

132 Nicola Beisel, "Morals Versus Art : Censorship, The Politics of Interpretation, and the Victorian Nude", *American Sociological Review*, Vol. 58(1993년 4월), 147쪽.

133 Kathleen M. Kinkema·Janet C. Harris, "Media Sport : Key Research and Engineering Issues", *MediaSport*, 27~54쪽.

134 볼프강 하우크, 《상품 미학 비판》, 김문환 옮김(이론과실천, 1991), 75쪽.

135 물론 1장에서 지적했다시피 현대 스포츠는 가혹한 준비 과정으로 인해 즐거움의 상당 부분을 상실해버렸다. 하지만 스포츠 참여를 즐거운 것으로 보게끔 만드는 기제의 강력한 힘은 여전히 남아 있다.

136 수용 과정에서 나타나는 굴절을 이해하려면 굿맨Cary Goodman이 제시하는 재미있는 예를 참조해보는 것이 도움이 될 것이다(Cary Goodman, *Choosing Sides : Playground and Street Life on the Lower East Side*, 26쪽). 굿맨은 스포츠 캠프에 참여했다가 밤에 너무 추워 담요 두 장을 훔친 한 면담자의 회고를 인용하고 있다. 담요를 훔쳤다가 들켰을 때 캠프 지도자는 욕설을 퍼붓기는커녕 다음과 같은 부드러운 어조로 나무랐다. "네가 밤에 추워서 따뜻하게 지내려고 담요를 훔쳤다는 것은 안다. 하지만 다른 아이 침대에서 담요 두 장을 훔치면 다른 두 명의 아이들이 담요도 없이 밤새 춥게 지내야 하잖니. 그게 과연 옳은 일이겠니?" 자신에 대한 따뜻한 취급에 혼란스러웠던 그는 자신의 행위가 지닌 반사회적 효과를 곧 알아챌 수 있었다. 하지만 그렇다고 그가 완전히 압도되었던 것은 아니었다. "다음 날 밤 나는 단지 한 장의 담요만을 훔쳤다."

더 읽어야 할 자료들

나현성, 《한국 체육사 연구》(교학연구사, 1981) ; 나현성, 《한국 체육사》(교학연구사, 1983)

우리 체육의 역사에 관한 최초의 체계적인 저술로서 여전히 권위를 잃지 않고 있는 책이다. 이 책 이후의 체육사 관련 저술은 모두 이 책들에 관한 주석이거나 보완이라고 할 수 있을 정도다. 근대 이후의 체육사와 관련해서는 주로 학교 스포츠를 중심으로 다루고 있기 때문에 교과 과정에 대한 분석이 많아 다소 지루한 편이며 체육 사상에 대한 부분이 충분치 않은 점도 아쉽다. 그러나 우리 사회의 체육사를 연구하기 위해서는 절대 빼놓을 수 없는 자료다.

박홍규·정홍익·임현진 엮음, 《스포츠 사회학》(나남, 1992)

우리 학계에서 최초로 나온 제대로 된 스포츠 사회학 관련 서적이다. 편집된 책이다 보니 전체의 통일성은 떨어지지만 스포츠에 관련된 주요한 주제에 대해 당시까지 나온 중요 문헌들을 상당 부분 망라하고 있어 스포츠에 관심 있는 독자라면 반드시 읽어보아야 할 책 중 하나다. 주로 이론적인 논의를 이루고 있어 다소 딱딱하고 어렵게 느껴지는 부분이 있다.

엘리스 캐시모어, 《스포츠, 그 열광의 사회학》, 정준영 옮김(한울, 2001)

스포츠 사회학 개론서다. 2판까지 대중 교양서로 저술되었던 것과 달리 번역 대본인 3판은 대학의 교과서로 마련되었으나 일반적인 교과서에서 나타나는 딱딱함은 전혀 보이지 않는다. 스포츠와 사회가 연결되는 다양한 접점을 제시하고 각각에서 도출되는 여러 쟁점들을 흥미롭고 친절하게 안내해주고 있다. 스포츠와 인종, 스포츠와 성, 스포츠와 예술, 스포츠와 경제, 스포츠와 정치 등 다루는 주제도 매우 포괄적이다. 특히 최신의 참고 문헌은 스포츠에 관심 있는 독자들에게 유용한 안내 역할을 해줄 것이다.

오동섭, 《근대 체육사》(형설출판사, 1992)

서구 체육의 대표적 두 흐름 가운데 하나인 독일과 스웨덴의 체조 운동에 관한 연구서다. 영국을 중심으로 한 체육 중시 사상이 축구와 럭비 등 팀 스포츠에 중점을 두었다면 독일에서는 얀F. L. Jahn 등을 중심으로 체조 같은 개인 운동에 초점을 맞추었다. 그러나 정도의 차이는 있지만 영국과 독일의 운동이 공히 국가주의의 요소를 지니고 있었다는 점에는 의심의 여지가 없다. 이 책은 얀의 체육 사상과 독일의 체조 운동, 이를 변형시킨 스웨덴의 체조 운동에 대해 세밀하게 다루고 있다.

월터 레이퍼버, 《마이클 조던, 나이키, 지구 자본주의》, 이정엽 옮김(문학과지성사, 2001)

역사학자가 쓴 스포츠 관련 서적이다. 1980년대와 1990년대를 거치며 지구상에서 가장 유명한 스포츠 스타로 군림한 마이클 조던을 중심으로 나이키의 광고 전략과 자본주의의 지구화, 특히 미디어의 지구화에 대해 설명하고 있다. 마이클 조던을 하나의 아이콘으로 분석하고 있는 대표적인 서적 가운데 하나다. 엘리스 캐시모어의 《스포츠, 그 열광의 사

회학》, 14장 〈세계를 정복한 나이키 : 나이키와 세계화 과정〉과 함께 읽
으면 전반적인 논의의 맥락을 훨씬 더 잘 이해할 수 있을 것이다.

윤상철·안민석 엮음, 《월드컵, 신화와 현실》(한울, 2002) ; 안민석·정준영 엮음, 《월드
컵, 그 열정의 사회학》(한울, 2002)

2002년 월드컵에 즈음해 국내의 축구 관련 글을 한데 모은 책이다. 전자
는 월드컵 개최 전에, 후자는 월드컵이 끝나고 출간되었다. 서구에서조
차 불과 20여 년 정도밖에 되지 않은 스포츠 관련 연구사를 참조해볼 때
연구의 역사가 훨씬 짧은 우리 학계에서 한 종목의 스포츠와 관련해 이
정도의 책을 낼 수 있게 되었다는 것은 매우 놀라운 일이다. 앞의 책이
본격적인 논문을 중심으로 구성되어 있다면 뒤의 책은 에세이에 가까운
글이 주를 이루고 있다.

이동연 외, 《스포츠, 어떻게 읽을 것인가》(삼인, 1998)

국내 저술가들의 스포츠 관련 글을 한데 모은 보기 드문 참고서다. 문화
연구자를 중심으로 한 10명의 저자가 다양한 스포츠의 이데올로기를 분
석하고 있다. 본격적인 논문이라기보다는 에세이가 주를 이루고 있기
때문에 무게는 다소 떨어질 수 있지만 그만큼 흥미롭고 재미있게 읽을
수 있다. 스포츠의 문화적 측면에 관심 있는 독자라면 연구 주제와 관련
한 유용한 통찰력을 얻을 수 있을 것이다.

하남길·오동섭, 〈19세기 영국 어틀레티시즘의 이념적 체계 고찰〉, 《한국체육학회 제33
회 학술발표회 논문집》(1995) ; 하웅용, 〈역사적 고찰을 통한 아마추어리즘의 재조명〉,
《한국체육학회지》, 제38권, 제4호(1999)

이 두 편의 논문은 영국을 중심으로 발전한 체육 정신이 어떤 체계를 지
니고 있었으며 어떤 이데올로기를 함축하고 있었는지를 다루고 있다.

흔히 스포츠의 이상적 형태로 간주되는 아마추어리즘이 실상은 계급 간 경쟁의 산물이었다는 사실을 살펴보는 것은 스포츠의 순수성에 대한 신화를 해체할 수 있도록 도와주는 유용한 매개가 될 수 있을 것이다. 이동연 외,《스포츠, 어떻게 읽을 것인가》에 실린 김종엽의 〈쿠베르탱 남작의 현대 올림픽 창설〉과 함께 읽으면 좋다. 영국의 체육 중시 사상에 대한 고전적인 연구로는 J. A. Mangan, *Athleticism in the Victorian and Edwardian Public School : The Emergence and Consolidation of an Educational Ideology*(Cambridge : Cambridge Univ. Press, 1981)를 참조하라.

열광하는 스포츠 은폐된 이데올로기

초판 1쇄 펴낸날 | 2003년 12월 25일
개정 1판 1쇄 펴낸날 | 2020년 5월 28일

지은이 | 정준영
펴낸이 | 김현태
펴낸곳 | 책세상

주소 | 서울시 마포구 잔다리로 62-1, 3층 (우편번호 04031)
전화 | 02-704-1251(영업부) 02-3273-1333(편집부)
팩스 | 02-719-1258
이메일 | editor@chaeksesang.com
광고·제휴 문의 | bkworldpub@naver.com

홈페이지 | chaeksesang.com   페이스북 | /chaeksesang
트위터 | @chaeksesang   인스타그램 | @chaeksesang   네이버포스트 | bkworldpub

등록 1975. 5. 21 제1-517호

ISBN 979-11-5931-496-4 04080
      979-11-5931-400-1(세트)

이 도서의 국립중앙도서관 출판예정도서목록(CIP)은 서지정보유통지원시스템 홈페이지
(http://seoji.nl.go.kr)와 국가자료종합목록 구축시스템(http://kolis-net.nl.go.kr)에서
이용하실 수 있습니다.(CIP제어번호 : CIP2020019050)